8° L⁵ₕ
1184

Invasion 1870-1871

ÉPISODES
DE
L'OCCUPATION PRUSSIENNE
A TROYES
ET DANS LE DÉPARTEMENT DE L'AUBE

Conférence faite à la Réunion générale de la Ligue des Patriotes

LE 21 DÉCEMBRE 1884, A TROYES

PAR

M. LOUIS SAUSSIER

Prix : 2ᶠ

TROYES
LÉOPOLD LACROIX, LIBRAIRE-ÉDITEUR
83, Rue Notre Dame

1886

Invasion 1870-1871

ÉPISODES
DE
L'OCCUPATION PRUSSIENNE
A TROYES
ET DANS LE DÉPARTEMENT DE L'AUBE

Conférence faite à la Réunion générale de la Ligue des Patriotes

LE 22 DÉCEMBRE 1884, A TROYES

PAR

M. LOUIS SAUSSIER

TROYES
LÉOPOLD LACROIX, LIBRAIRE-ÉDITEUR
83, Rue Notre Dame

1886

Tiré à cent exemplaires sur papier vergé.

N°

LIGUE DES PATRIOTES

COMITÉ RÉGIONAL DE TROYES

Réunion générale du 21 Décembre 1884

PRÉSIDENCE DE M. LOUIS SAUSSIER

Extrait du procès-verbal

..... M. le Président prend alors la parole et, dans une courte improvisation, retrace à grands traits l'histoire douloureuse de la guerre de 1870-1871. Puis, il expose l'histoire de la ville de Troyes pendant la même période.

Après cette lecture, que couvrent les applaudissements, M. BICHE fait la proposition suivante :

« *Le manuscrit de M. SAUSSIER sera imprimé et publié aux frais de la Ligue, et vendu à son bénéfice.* »

Mise aux voix, cette proposition est votée à l'unanimité.

ÉPISODES

DE

L'OCCUPATION PRUSSIENNE

A TROYES

ET DANS LE DÉPARTEMENT DE L'AUBE

―⋈―

AVANT-PROPOS

Au lendemain de l'invasion, la Ligue des Patriotes était l'expression d'un sentiment général ; on reconnaissait que les influences du régime impérial avaient fini par isoler le citoyen de la chose publique, lui en avaient fait perdre le goût, et qu'il était urgent de réagir contre cette indifférence. Aussi cette nouvelle institution prit-elle, en peu de temps, de grandes proportions.

Développer l'amour du pays par tous les moyens en notre pouvoir : par le livre, par la parole, par les exemples donnés, et encourager par des récompenses et des solennités publiques les efforts de toute nature propres à fortifier la France et à en sauvegarder les intérêts les plus élevés ; n'est-ce pas une noble, grande et belle mission ?

C'est là le but que poursuit la Ligue; c'est aussi dans ce but qu'elle tend à ne pas laisser parmi les masses l'esprit s'engourdir dans l'oubli du passé, et le cœur se désintéresser de l'avenir, par un égoïsme aveugle et coupable.

Nommé président du Comité régional de l'Aube, j'ai pensé qu'en rappelant à la mémoire des membres de la Ligue les principaux épisodes de l'invasion prussienne à Troyes, je remplirais l'un des devoirs qui me sont imposés ; se souvenir des malheurs passés, n'est-ce pas, en effet, se préparer à en éviter de semblables pour l'avenir ?

Ce que nous faisons ici, dans cette réunion, vous le ferez dans votre entourage, vous propagerez ces tristes récits de nos souffrances, et, en rendant témoignage de son noble courage au milieu des revers qui l'ont atteinte, vous n'en aimerez que davantage la patrie, notre mère commune, et vous en inspirerez l'amour à tous ses enfants ; vous la prémunirez ainsi, au milieu de tant de dynasties envieuses et jalouses, contre toute nouvelle tentative d'envahissement.

Quand il s'agit de patriotisme, à propos des évènements de 1870 à 1871, on ne peut passer sous silence, sans injustice, deux noms qui nous sont chers à plus d'un titre : ceux de THIERS et de GAMBETTA ; l'un, le grand patriote, l'organisateur de la défense nationale ; l'autre, le libérateur du territoire.

L'illustre historien l'avait malheureusement trop bien pressentie, la catastrophe que devait amener une guerre entreprise en pareil moment et dans de semblables conditions ! Les paroles éloquentes qu'il a prononcées à la tribune, pour empêcher la Chambre des Députés de voter la guerre ont du retentissement encore aujourd'hui.

On voulait étouffer sa voix, il a su la faire entendre à ces hommes au cœur léger, et il a jeté ce cri d'alarme :

» L'histoire, la France, le monde entier
» vous regarde, messieurs ; de la résolution
» que vous allez prendre peut résulter la mort
» de plusieurs milliers de personnes, et dépend
» peut être la destinée de notre pays. Quant à
» moi, je m'élève au-dessus de vos sarcasmes,
» et je les brave. »

Cette patriotique adjuration n'a pas été écoutée ; nous savons tous ce qu'il en est advenu.

La guerre a été déclarée, et notifiée par notre ambassadeur au roi Guillaume le 19 juillet.

Les partisans de la guerre faisaient le serment que tout était prêt pour la lutte, et suivant les expressions textuelles d'un maréchal de France, du ministre de la guerre, rien ne manquait, rien, pas même un bouton de guêtre.

Nous avons vu bientôt tout ce qu'il manquait, et la désillusion n'a pas tardé à se produire.

L'empereur Napoléon, qui a pris en personne la direction des opérations, éparpille sur la frontière ses corps d'armée, dont quelques-uns éprouvent des échecs partiels à la suite desquels nos premières lignes de défense sont abandonnées. L'empereur, reconnaissant alors son impuissance comme généralissime, prend le parti de concentrer ses forces et d'en former deux armées : l'armée du Rhin, commandée par le maréchal Bazaine, formée des corps groupés autour de Metz, et l'armée de Châlons à la tête de laquelle est placé le maréchal de Mac-Mahon.

La première devait se retirer dans la direction de Verdun ; mais le maréchal Bazaine, arrêté dans sa marche par les batailles du 14 août à Borny, et du 16 à Gravelotte, ne sait pas profiter des occasions que lui offre l'attaque imprudente de l'ennemi, et, après la bataille du 18 à Saint-Privas, il se trouve cerné sous les murs de Metz et privé de toutes communications avec le pays. Dans ces trois sanglantes affaires, les troupes françaises ont montré la plus grande énergie, n'ont jamais été entamées, et ont infligé à l'ennemi des pertes considérables.

L'armée de Châlons, destinée d'abord à couvrir la capitale vers laquelle marchaient déjà deux armées prussiennes, fut, à la suite de ces évènements, et contre les intentions du maréchal de Mac-Mahon, dirigée vers le Nord-Est pour secourir l'armée de Metz. Cette manœuvre, audacieuse avec des troupes solides et entraînées, était plus que téméraire avec une armée en partie démoralisée. Les hésitations du commandement et les lenteurs de la marche, retardée par le mauvais état des chemins et la fatigue des soldats, donnèrent le temps à l'ennemi, qu'une circonstance fortuite avait instruit de nos projets, d'arrêter ses armées en marche sur Paris et de les détourner sur nos colonnes. Le maréchal de Mac-Mahon, trouvant la route de Verdun barrée, prit, après les combats de Boix-les-Dames et de Beaumont, la résolution de se retirer vers Mézières ; mais par un arrêt d'un jour, le 31 août, à Sedan, il permit aux armées prussiennes de compléter leur mouvement concentrique. La blessure qu'il reçut dès le commencement de la bataille, qui s'engagea le premier septembre au point du jour, lui évita seule la douleur de voir son armée entourée, refoulée dans les murs de Sedan et réduite à l'impossibilité de résister, faite prisonnière de guerre, après que l'empereur Napoléon eut remis son épée au roi Guillaume.

La nouvelle de ce désastre produisit à Paris la révolution du 4 septembre qui donna la direction des affaires au Gouvernement de la Défense Nationale, dont les efforts ne purent obtenir des Prussiens un engagement honorable pour le pays. La capitale investie se prépara à la défense, tandis que la province travaillait avec la plus grande activité à l'organisation des forces qui devaient prolonger notre résistance.

Le 27 octobre, le maréchal Bazaine, ayant épuisé les vivres qu'il avait trouvés dans la place de Metz, livrait aux Prussiens et la ville et son armée.

Cet évènement funeste ouvrait à l'ennemi une nouvelle route sur Paris, la route par Mulhouse et Troyes.

L'armée du prince Frédéric-Charles se mit presqu'immédiatement en mouvement, pour aller rejoindre et renforcer les deux autres armées allemandes qui se trouvaient autour de Paris et près d'Orléans.

Douze jours après, les éclaireurs de cette armée apparaissaient aux premiers abords de Troyes. C'est de ce moment que date la longue suite de douloureuses épreuves que nous avons courageusement subies.

Ce martyrologe de l'Invasion est celui de presque toutes les villes ouvertes de province qui ont été envahies, et au nombre desquelles Troyes figurera honorablement.

Notre ville s'est préparée à l'œuvre de sa défense avec la plus grande énergie et un véritable enthousiasme.

Des circonstances indépendantes de sa volonté ont paralysé ses efforts, et ne lui ont pas permis de tirer parti des sacrifices énormes qu'elle s'était imposés.

Mais le souvenir de son attitude, de la dignité avec laquelle elle s'est conduite en face de l'ennemi, malgré quelques défaillances, survivra aux évènements et laissera une tache ineffaçable comme l'empreinte d'un fer rouge au front du vainqueur. Ce sera sa condamnation suprême devant le tribunal des peuples, devant l'impartialité de l'histoire.

PREMIÈRE PARTIE

AVANT L'OCCUPATION

Chapitre Ier.

Etat d'anxiété de la ville. — Approvisionnements à destination de l'ennemi, saisis à la gare et à Saint-Benoist-sur-Seine. — Départ du Préfet de l'Empire. — Préparatifs de défense. — Remplacement du Maire par une Commission municipale.

L'occupation prussienne n'a commencé que le 9 novembre, douze jours après la reddition de Metz. Avant d'en arriver à ce cruel moment, il convient de revenir en arrière et d'examiner, quoique sommairement, les faits qui le précèdent et concernent la période de nos préparatifs de défense. C'est dans cette période, du reste, que le sentiment de patriotisme de la Cité se révèle dans tout son entier.

Au lendemain de l'affaire si meurtrière de Wissembourg et de la déroute de Freschwiller, il régnait une anxiété indicible dans la ville; tous les soirs, une foule considérable envahissait la place de la Préfecture et demandait, à grands cris, des nouvelles qui faisaient presque toujours défaut.

Ces nouvelles étant mauvaises, on ne les donnait qu'à la dernière extrémité, dans l'espoir que des succès allaient atténuer les défaites passées.

Et toujours rien ne venait, toujours point de nouvelles rassurantes. La foule s'impatientait, criait, demandait le Préfet. Le préfet de l'Empire, M. Boyer de Sainte-Suzanne, apparaissait à l'embrasure d'une fenêtre du premier étage de l'hôtel, prononçait quelques paroles confuses, et se retirait aussitôt.

Un jour que les nouvelles étaient alarmantes, la foule amassée sur la place réclame de nouveau des armes; cette demande avait été produite déjà à plusieurs reprises, l'ancienne garde nationale ayant été désarmée par l'Empire. Le Préfet, intimidé par l'exaspération de la foule, répondit : « Un envoi de quarante » mille fusils m'est annoncé; vous allez les recevoir » très-prochainement. »

De ces quarante mille fusils, pas un seul ne nous parvint; mais on avait calmé, par une fausse espérance, notre fièvre patriotique. Aujourd'hui, ce temps est déjà bien loin, et cependant on se rappelle, comme si c'était hier, la tristesse profonde avec laquelle ces nouvelles vagues et contradictoires étaient accueillies.

A la gare, le besoin de wagons pour des transports de mobilisés s'était produit; des wagons pleins de marchandises sont déchargés, et on y découvre des provisions considérables de sucre, de riz et de café, à destination du Grand-Duché de Bade.

Sans que l'administration du chemin de fer s'en doutât, notre matériel de traction aidait ainsi à l'approvisionnement des armées ennemies. Le Chef de Gare lui-même dénonce le fait à la municipalité. En vertu d'un décret du 12 août, qui prohibe la vente et le transit de toute denrée alimentaire, le Conseil municipal décide que ces denrées seront saisies et conservées[1] pour l'utilité du pays.

---

[1] Récépissé est donné au Chef de Gare; engagement souscrit par la ville de payer le prix des marchandises s'il ne l'est déjà.

Avec une surveillance active dirigée de ce côté sur toutes les lignes de fer, combien de cas semblables eussent été prévenus et évités !

Ce coupable mercantilisme au profit de l'ennemi prit même, plus tard, de graves proportions dans quelques départements.

Un marchand de l'un de nos départements voisins était venu à Troyes faire des acquisitions de cuir. La voiture portant le chargement de ces marchandises fut arrêtée, ainsi que son conducteur, le 2 octobre, à Saint-Benoist-sur-Seine. Le conducteur avait sur lui un sauf-conduit allemand ; donc, plus de doute sur la destination de ses articles de cuir. Aussi, le fit-on rétrograder avec son équipage, et on l'amena à la Préfecture, pour qu'un pareil acte fut jugé et réprimé avec toute la sévérité de la loi. Excellente et patriotique résolution de la part des habitants de Saint-Benoist, qui méritait d'être plus suivie.

Quand on connut à Troyes la défaite de Sedan, la déchéance de l'Empereur et la proclamation de la République qui avaient eu lieu le 4 septembre, le baron Boyer de Sainte-Suzanne quitta la préfecture pour ne plus revenir.

La ville de Troyes songe alors à prendre des mesures de toute sorte pour répondre aux nécessités de la situation et se préparer à la défense.

L'armement, l'habillement, les engagements volontaires, ses premiers soins, ont tout particulièrement éveillé sa sollicitude ; elle s'est beaucoup intéressée, également, à la question sanitaire, aux secours à porter aux blessés militaires, à l'organisation d'ateliers municipaux pour les ouvriers sans travail, à la création de bons dits « *bons de la ville,* » remboursables après la cessation de la guerre et destinés à conjurer la crise monétaire et financière existante.

Une Commission municipale remplace le maire et les adjoints nommés par l'Empire ; comme premier acte de son administration, elle adresse à la population la proclamation suivante :

« Habitants de Troyes,

« La République est proclamée ! Un Gouvernement
» de défense nationale est institué ! Nous y adhérons
» avec toute la France.

« Il veut chasser l'ennemi du sol de la Patrie, en
» même temps il veut maintenir l'ordre sans lequel
» rien de grand n'est possible.

« Nous l'aiderons dans sa tâche avec toute l'énergie
» qui est le partage des hommes libres. Nous savons
» que votre concours nous est acquis ; nous avons foi
» dans votre patriotisme. »

Chapitre II.

MESURES PRÉVENTIVES CONTRE LES FLÉAUX DE LA GUERRE

Secours aux blessés militaires ; Société internationale de Genève. — Chômage général, ouverture des ateliers municipaux. — Pétition des ouvriers valides des chantiers, leur enrôlement pour la défense du pays. — Distribution de secours aux femmes et aux enfants. — Offrandes des Sociétés et des Corporations. — Crise monétaire ; émission de monnaie de papier en fractions de 1 fr., 5 fr. et 10 fr. — Création par la ville d'un papier-monnaie.

Une belle et noble institution avait été créée depuis peu d'années, dans le but de suppléer à l'insuffisance des ambulances militaires sur les champs de bataille ;

— 17 —

c'est à cette société dite « *Société de Genève* [1] » permettant à un simple citoyen de prendre sa part du lourd fardeau de la guerre que la Chambre de Commerce de Troyes s'était rattachée, en 1870, aux premières manifestations des hostilités.

Les membres de la Chambre, avec l'aide d'un certain nombre de leurs concitoyens, se formèrent en « *Comité de la Croix-Rouge* (Insigne de la Société), » et se firent les frères quêteurs, les pourvoyeurs des ambulances à installer.

En quelques jours, ce Comité recueillait la somme en
argent de...................... 15.000 fr.
et en dons et secours en nature de   1.000 fr. environ.

Soit..... 16.000 fr.

Le Comité ne borna pas son action dans la ville ; il l'étendit dans le département [2].

---

[1] Il arrive le plus souvent, après une action militaire sanglante, que les secours à porter aux blessés ne peuvent pas l'être, ni à temps, ni à propos, en raison de l'encombrement de ces derniers.

Ce fait avait été particulièrement signalé, lors de la guerre d'Italie, entre autres villes à Solférino, où les rues furent encombrées de blessés restés sans secours pendant toute une journée.

Sur l'appel du Conseil fédéral Suisse, un Congrès international se réunit à Genève, le 22 Août 1864 ; et la neutralité des ambulances, ainsi que des personnes qui y sont attachées comme employés, était proclamée. Les nations belligérantes s'engageaient, par la signature du protocole, à protéger tout établissement affilié à la Société de Genève, et abrité sous ses insignes, la croix rouge sur fond blanc.

Ce jour même, seize puissances signèrent le traité ; de 1866 à 1868, le nombre s'en éleva à vingt-deux.

Comme on le voit, par cette nouvelle institution, la loi de l'humanité s'était imposée à tous les pouvoirs absolus les plus récalcitrants, et l'esprit de paix et de concorde avait remporté une grande victoire sur la guerre.

[2] 802 lits montés avaient été offerts dans les divers chefs-lieux de l'Aube ; 144, fournis par le Comité et les habitants, ont été établis à Troyes.

Il avait été organisé plusieurs ambulances, dont trois principales, savoir : l'une à la Trinité-Saint-Jacques, dans les ateliers de MM. Salomon et Cie ; l'autre, à la Croix-des-Fourches, dans les nouvelles constructions destinées à la filature de M. Quinquarlet-Dupont ; la troisième, à l'entrée de la ville, rue Saint-Jacques, chez M. Deheurle.

Des docteurs médecins, parmi lesquels on comptait les docteurs Bacquias, Vauthier, Forest et Viardin, étaient attachés à ces établissements.

Malheureusement, au lieu de tourner au profit de nos soldats, comme nous le supposions, ces ambulances, par l'effet de la mauvaise fortune de nos armes, furent utilisées par l'ennemi, quand il prit possession de la ville.

182 blessés y sont entrés, cinq seulement y sont morts. Nous avions dépensé 12.834 fr. 757 sur les 16.000 fr. que le Comité avait reçus.

Le reliquat de ces sommes a été distribué à des soldats français blessés, et aux veuves des soldats tués sur le champ de bataille. Quelques pensions sont encore servies aujourd'hui.

De son côté, le Conseil municipal avait provoqué également des souscriptions et des dons en objets de literie, de la part des habitants, et, avec leur aide, avait disposé en de vastes ambulances la caserne de l'Oratoire, le Lycée, les Ecoles primaires, ainsi que les grands et petits Séminaires.

Tels avaient été les premiers agissements de la population qui, dans un louable esprit de prévoyance, allait au devant des tristes éventualités qu'elle redoutait.

Après les blessés militaires, elle songea aux ouvriers sans travail qui sont frappés par un chômage inévitable et n'ont d'autres ressources que leurs bras. Non seulement la guerre avait suspendu presque toutes les relations commerciales, mais encore les chemins de fer ne fonctionnant plus régulièrement, et nos rapports avec les houillères étant interrompus pour la plupart, le charbon de terre manquait à peu près totalement à nos machines à vapeur.

Un chantier municipal fut immédiatement ouvert sur l'emplacement du nouveau cimetière, qui n'était pas encore en état de recevoir des sépultures. Un embrigadement régulier, sous le contrôle d'un employé de la mairie, avait été pratiqué; chaque jour, un appel était fait matin et soir ; un peu plus tard, il y eut même un troisième appel dans le milieu du jour. Néanmoins, quoique contrôlé de près, ce travail était bien peu productif, et ressemblait beaucoup à une aumône déguisée; aussi la plupart des ouvriers ne supportaient cet état de choses qu'à contre-cœur.

Le 5 septembre, une pétition de ces ouvriers occupés aux chantiers municipaux était adressée par eux au Conseil. En voici les termes :

« Citoyens,

« Les soussignés, employés au chantier du cime-
» tière, recevant 1 fr. 25 par jour pour ne rien faire,
» demandent à être utilisés pour la défense de la Pa-
» trie.

« Que la municipalité reverse sur leurs femmes,
» leurs enfants et leurs mères, les secours que vous
» vouliez bien leur donner, et tous partent comme
» volontaires pour soutenir leurs frères décimés par
» l'Empire et sauver la République. »

Suivent 106 signatures.

Le Conseil, après la lecture de cette lettre, s'empressa de voter l'objet de la demande, et félicita les ouvriers de leur patriotisme.

Les hommes jeunes partaient; pour les hommes âgés, incapables de porter les armes, ainsi que les femmes et les enfants, les ateliers furent maintenus ; et pour les femmes et les enfants, on organisa des secours.

La Chambre de Commerce intervint encore en la circonstance, et fit des distributions de secours.

A la suite de la crise cotonnière de 1863, lors de la guerre de Sécession, aux Etats-Unis, elle avait mis en réserve, à la succursale de la Banque de France, une somme de 100.000 francs environ qui lui restait de la souscription de Rouen, en faveur des ouvriers cotonniers sans travail [1].

La Chambre s'est empressée d'utiliser cette somme en secours, secours en nature surtout, bons de pain, de viande, de charbon, de bois, etc.

Chaque semaine, deux distributions étaient faites, par les membres eux-mêmes, dans le quartier bas, à l'École municipale de dessin.

Toutes les demandes de secours étaient contrôlées par une Commission spéciale ; on ne secourait que les ouvriers et ouvrières dénués d'autres ressources.

Le Conseil avait voté, le 19 septembre, au bureau de bienfaisance, 500 francs par mois, en plus des allocations budgétaires ordinaires.

Le 22 septembre, la Société Générale de secours mutuels offrit à la ville, qui accepta avec reconnaissance, une somme de 3.000 francs, destinée à secourir les ouvriers inoccupés; 2.000 francs furent également

---

[1] La Banque, ne voulant pas courir de risques, avait résolu de ne conserver aucun dépôt. Le dépôt de la Chambre de Commerce ayant été remboursé, ses membres furent obligés d'accepter chacun dix mille francs, et d'assumer une responsabilité que la Banque avait déclinée.

offerts à la municipalité, pour être employés à la défense nationale, par la Société des Fileurs qui vint elle-même, bannière déployée et son Président en tête, remettre la somme à l'hôtel de ville. La corporation des tailleurs se réunit et décida qu'elle ne ferait pas la fête patronale habituelle, et elle consacra la somme affectée aux frais de la fête, moitié à l'Association internationale de secours aux blessés, moitié en secours aux familles privées de leurs soutiens, pères ou fils. Plusieurs autres sociétés de secours mutuels et autres ont pris part à cet entraînement patriotique.

Peu de temps après, la cessation des affaires avait amené une crise monétaire. La monnaie divisionnaire faisant défaut, on ne pouvait que très difficilement effectuer les paiements usuels d'un chiffre minime. Les billets de banque avaient cours forcé ; mais les coupures de 50 fr. et de 25 fr. manquaient complètement.

La Chambre de Commerce, autorisée par la Préfecture, fit une émission de papier-monnaie, remboursable six mois après la fin de la guerre, pour une somme de 300.000 fr. Des bons de 1 fr., 5 fr. et 10 fr. étaient échangés contre des billets de banque. Ces billets étaient remis à la Caisse municipale. Les bons étaient signés par le maire et le président de la Chambre de Commerce, et visés par le préfet. Sur la présentation d'un nombre de bons pouvant former la somme de 500 fr. ou de 1.000 fr., ces bons étaient remboursables immédiatement en billets de banque par la succursale de Troyes. Cette opération présentait un double avantage : elle facilitait au commerçant et à l'industriel le paiement de petites sommes, et elle procurait à la municipalité un maniement de fonds en billets de banque assez important, formant dépôt assis sur le crédit de la ville. C'était une sorte d'emprunt à échéance indéterminée profitant à la ville sans intérêts à payer [1].

De cette émission de 300.000 fr., il n'est rentré, en bons présentés au remboursement, que 299.690 fr.; il restait encore en circulation, le 13 juin 1876, trois cent dix francs [2].

Le Conseil municipal, peu de temps après, à court de ressources pour le paiement de ses chantiers et des primes d'engagements volontaires, se résolut également à créer des *bons*, mais d'un mode différent. Ses émissions furent un véritable papier-monnaie, un papier purement de crédit, ne reposant, cette fois, que sur la confiance en la solvabilité de la ville. Ces bons portaient les armes de Troyes, la signature du maire par une griffe, et celle du receveur municipal, avec l'approbation du Conseil au dos de la valeur. L'exergue des billets de banque relatif à la sévérité de la loi envers les contrefacteurs se trouvait imprimé à chacun des côtés.

La circulation s'en est faite avec la plus grande facilité, et il n'y a eu que très peu d'essais de contrefaçons, essais du reste très-grossiers et faciles à découvrir.

Ces mesures, adoptées au point de vue de la crise monétaire et financière, ont été d'une haute utilité pour la municipalité et les habitants. Comment la ville aurait-elle pu, autrement, payer les impôts et réquisitions exigés ?

---

[1] Au président de la Chambre avaient été adjoints : MM. Lalou, trésorier général; La Paillette, directeur de la succursale; Ferdinand Samuel, minotier, et Ed. Vignes, directeur du Crédit agricole.

[2] Ces 310 francs ont été remis au bureau de bienfaisance. Au fur et à mesure de leur rentrée, tous les bons avaient été brûlés, en présence d'une Commission de trois membres.

Chapitre III.

PRÉPARATIFS MILITAIRES DE DÉFENSE NATIONALE

Réorganisation de la garde nationale. — Comité municipal de défense. — Activité du Préfet républicain, M. Lignier. — Comité départemental de défense nationale. — Ponts coupés, établissements de postes. — Habillement, armement. — Fausse alerte, rassemblement des gardes nationales. — Création de corps francs ou francs-tireurs. — État sanitaire.

Mais la grande préoccupation de notre cité, il faut le dire à sa louange, a été la question de la défense locale, comme de la défense nationale.

Dès le 17 août, le Conseil municipal avait pris des mesures pour la réorganisation de la garde nationale désarmée par l'empire. La loi du 12 août venait de décréter cette réorganisation dans toute la France. Une Commission de recensement fut constituée, et la nomination des officiers, qui devait être faite par le Gouvernement, fut rendue par le Conseil aux gardes nationaux de cette ville.

Les éclaireurs des armées prussiennes avaient poussé des pointes jusque dans le voisinage de Troyes, à Payns, le 24 août. Des coups de feu avaient même été tirés sur les voyageurs d'un train allant de Troyes à Méry, par des uhlans qui, à plusieurs reprises, étaient venus reconnaître les lieux.

On avait, par suite, reconnu l'urgence d'un service de patrouilles de jour et de nuit à effectuer à des distances assez éloignées. La garde à cheval rétablie, pour laquelle le Conseil municipal affecta une somme de 2,000 francs à l'achat de révolvers destinés aux cavaliers, fut chargée de ce service, qui se faisait avec exactitude, mais avec un nombre de cavaliers insuffisant ; aussi, quand l'occupation eut lieu, l'ennemi était à nos portes, au village de Créney, que nous le croyions encore à l'extrême limite du département.

Le 28 septembre, un Comité municipal de défense nationale, composé de MM. Vaudé, Douine, Saussier, Gauthier et Buxtorf, fut constitué par le Conseil qui avait voté, le 13 du même mois, une somme de 75,000 francs à appliquer aux dépenses jugées utiles pour la défense.

Le préfet qui avait remplacé, le 9 septembre, M. Boyer de Sainte-Suzanne, était un ancien représentant du peuple de 1848, M. Lignier. Dès ce moment, commença la remarquable activité qui a été déployée parmi nous, au point de vue de la défense ; les mobiles et les mobilisés ont été l'objet de nombreuses mesures émanant de la Préfecture.

Un Comité départemental de défense nationale fut constitué, dans le courant d'octobre, sous la présidence de M. Parigot. Ce Comité fut subdivisé en quatre Commissions spéciales, ayant des attributions distinctes, savoir :

Commission n° 1. — Opérations militaires, mouvements.

Commission n° 2. — Equipement, campement.

Commission n° 3. — Armement, artillerie.

Commission n° 4. — Travaux de défense, génie.

Le Comité se réunissait le jeudi et le dimanche à la Préfecture.

Ses propositions n'étaient que des indications, l'autorité militaire seule décidait.

A côté du préfet, commandait, à Troyes, en qualité de général, M. le capitaine de vaisseau Lafon. Tous les généraux étaient appelés, pour les besoins du service, dans l'armée active ; alors le pays a été heureux de trouver, dans nos officiers de marine, de précieux éléments pour opérer l'organisation militaire des départements. Pour beaucoup d'entre eux, cependant, c'était une tâche au-dessus de leurs forces, et surtout trop en dehors de leurs habitudes professionnelles.

Nous nous rappelons encore les tranchées, les barricades, qui avaient été pratiquées sur plusieurs routes, entre autres sur celles de Piney et d'Arcis-sur-Aube, à leur point de jonction, au Pont-Hubert. Rien n'était plus facile que de les éviter. Ces points de défense étaient donc très discutables et nullement justifiés par la situation topographique. Du reste, le commandant capitaine de vaisseau a signalé lui-même, au maire, la veille de notre invasion, l'insuffisance absolue de ces fortifications.

Plusieurs ponts furent coupés ; on fit sauter par la mine le pont du chemin de fer situé près de Saint-Julien, pour empêcher les trains de Chaumont de nous amener l'ennemi jusque dans l'intérieur de la ville, ce qui, autrement, se fut infailliblement produit.

Le pont de Fouchères avait également été coupé par le génie militaire.

Des postes furent établis à toutes les entrées dans la ville, et occupés par les mobiles du Morbihan en garnison à Troyes.

L'habillement et l'armement n'étaient pas oubliés. On habillait les mobiles, les mobilisés, les francs-tireurs. Chaque jour, des Commissions de contrôle spéciales siégeaient à la Préfecture, momentanément transformée en bazar pour vêtements et chaussures militaires.

On fondait des canons, on les essayait ; essais malheureux le plus souvent. Un type de canon en fonte de MM. Mennesson et Robert, soumis à l'examen d'une commission compétente, avait reçu l'approbation du général capitaine de vaisseau Lafon. Mais combien d'autres tentatives sans succès de l'initiative privée, modèles sortis de fonderies ou d'ateliers de mécaniciens, sont restées à l'état d'ébauches absolument imparfaites. C'est là, néanmoins, un indice incontestable de l'enthousiasme de la population à concourir, par tous les moyens possibles, à l'œuvre de la défense.

Le 27 septembre, une alerte avait eu lieu. Le bruit s'était répandu en ville et dans les campagnes environnantes que l'ennemi s'approchait et marchait sur Troyes. La garde nationale de la ville avait pris les armes, la garde nationale du Puy-de-Dôme, en passage, s'était jointe à elle; et les gardes nationales des pays voisins étaient accourues à notre secours.

Ce n'était qu'une fausse alerte, occasionnée par une de ces pointes audacieuses de uhlans qui avaient traversé le département jusqu'à la ligne du chemin de fer de l'Est à Troyes.

Le lendemain, le Conseil municipal remerciait tous les gardes nationaux de la ville et des campagnes environnantes pour leur empressement à nous venir en aide à la première menace d'un danger.

On avait songé, dès nos premiers revers, à la création de corps francs destinés à harceler l'ennemi, à couper ses convois.

Le 20 juillet, le Préfet de l'Aube avait approuvé la formation, à Troyes, d'une compagnie de francs-tireurs commandée par le capitaine Lefebvre. Cette création reçut l'encouragement du Conseil municipal, qui prit à sa charge l'habillement d'un certain nombre de francs-tireurs, et versa immédiatement des à-comptes.

Plus tard, d'autres compagnies furent formées par

les capitaines Sourd et Senet, à Troyes, et par le capitaine Phlipon-Degois, à Romilly.

En un mot, pendant tout le temps qui précéda l'occupation, on ne cessa de hâter la préparation des moyens de défense, soit pour la Cité, soit pour nos armées.

Comme aggravation, dans un pareil moment, l'état sanitaire de Troyes était inquiétant. La fièvre typhoïde prenait chaque jour un caractère plus grave, et étendait ses ravages dans les centres agglomérées de la population. Il y eut des jours où l'état civil compta quarante décès au lieu de quatre ou cinq en temps ordinaire. Les médecins avaient peine à suffire à leur tâche.

Chapitre IV.

DERNIÈRES TENTATIVES DE PACIFICATION DU GOUVERNEMENT PROVISOIRE

Circulaire de Jules Favre. — Manifeste du prince Frédéric-Charles. — Entrevue avec M. de Bismark. — Arrivée de Gambetta à Tours par ballon — Isolement des départements de l'Est.

Le 6 septembre, le Gouvernement provisoire, la République proclamée, avait lancé, de Paris, dans tous les départements une circulaire signée de Jules Favre, ministre des affaires étrangères, et adressée aux agents diplomatiques de France, qui concluait ainsi :

» Après les forts, les remparts ; après les remparts,
» les barricades ; Paris peut tenir trois mois et vaincre ;
» s'il succombait, la France, debout à son appel, le
» vengerait.

» Devant Dieu qui nous entend, devant la postérité
» qui nous jugera, nous ne voulons que la paix.

» Mais si l'on continue contre nous une guerre
» funeste que nous avons condamnée, nous ferons
» notre devoir jusqu'au bout, et j'ai la ferme convic-
» tion que notre cause, qui est celle du droit et de la
» justice, finira par triompher. »

Le roi de Prusse avait déclaré, dans un manifeste, par la bouche de Frédéric-Charles, prince du sang, qu'il ne faisait pas la guerre à la France, mais à la dynastie impériale.

Malgré ces protestations pacifiques, malgré son affirmation qu'il n'en voulait qu'au régime impérial et non à la nation, la dynastie à terre, il n'en a pas moins continué les hostilités avec plus de violence encore.

Le roi Guillaume, sans s'arrêter à l'appel de la France, fait dans un si noble langage à l'Europe dont les intérêts sont étroitement liés aux nôtres, n'en jeta pas moins le défi à notre pays et au continent tout entier. Ce despote, avide de sang et de ruines, bravant le monde du xixe siècle, et ne tenant aucun compte de la situation nouvelle qui affranchissait le peuple de France des responsabilités de la dynastie coupable, se rua, sous le vain prétexte de se venger de l'empereur et de son entourage, sur la nation qui venait de répudier son Gouvernement.

Le 24 septembre, avant le complet envahissement de Paris, Jules Favre tente une dernière entrevue avec M. de Bismark.

La Prusse tient à continuer la guerre et à réduire la

France à l'état de puissance de second ordre ; elle réclame l'Alsace et la Lorraine par droit de conquête.

Dès ce moment, tout est rompu, la France accepte la lutte et se confie à la valeur de tous ses enfants.

L'œuvre de la défense prend une nouvelle activité.

Dans les commencements du siège, le 7 octobre, Gambetta avait quitté Paris et franchi les lignes ennemies par ballon, en se confiant au hasard d'un vent propice. Il avait heureusement atterri près de Montdidier, dans la Somme.

Le ministre de l'Intérieur adressait à MM. les Préfets et Sous-Préfets le télégramme suivant :

« Tours, 9 octobre, 12 h. 45.

« Gambetta est arrivé à Tours à 12 h. 25 du soir. »

Gambetta avait donc rejoint la délégation siégeant à Tours, et s'était substitué aussitôt, comme ministre de la Guerre, à l'amiral Fourichon qui n'avait voulu conserver que le ministère de la Marine.

Les tentatives diplomatiques faites par Thiers, malgré son âge, près de toutes les puissances de l'Europe, avaient échoué ; il n'y avait plus de ressources que dans les tentatives militaires.

Aussi, la délégation, revivifiée maintenant, déploie-t-elle la plus grande énergie. De Tours partent les ordres qui, en si peu de temps, font surgir l'armée de la Loire, l'armée du Nord. En moins de 4 mois, on mit en ligne plus de 600.000 hommes qui formèrent douze corps d'armée; on arriva à atteler 1.400 pièces de canon, quand il n'y avait qu'une seule batterie à l'arrivée de Gambetta.

De tous les départements, des bataillons de mobiles et de mobilisés partaient pour aller grossir les contingents de ces armées en formation.

Une activité dévorante s'était communiquée du centre à la circonférence, de Tours, où siégeait Gambetta, le ministre de la Guerre, jusqu'aux dernières extrémités de la France.

Mais, parmi les départements de l'Est, les uns étaient occupés, les autres étaient presque complètement cernés par les troupes prussiennes. Le nôtre se trouvait dans ce cas ; il avait bien encore une voie de dégagement du côté de Nevers, cependant la route n'était pas toujours libre ; fréquemment, des détachements ennemis l'interceptaient. Isolés, privés de toute communication avec l'Est, avec Paris et le Midi, nous ne recevions aucunes nouvelles précises du théâtre de la guerre.

Une fois ou deux cependant, des lettres nous arrivèrent par ballons montés, soit de Paris, soit de Metz. Le 14 octobre, un ballon parti de Paris était venu s'échouer à la limite du département de la Marne, sur les confins du nôtre, à Montpothier, près de Villenauxe. M. Ranc, l'un de nos écrivains connus du journalisme, le montait ; il repassa par Troyes pour remettre ses dépêches à la poste.

Les nouvelles reçues, sans être bien rassurantes, montraient la grande ville toujours résolue et toujours confiante dans les évènements à venir.

DEUXIÈME PARTIE

PENDANT L'OCCUPATION

Chapitre Ier.

ENTREVUE DU COMMANDANT DE L'AVANT-GARDE AVEC LE MAIRE AVANT L'ENTRÉE DES PRUSSIENS A TROYES

L'ennemi signalé à Brienne ; le Maire se prononce pour la défense de la ville dans sa visite au général Lafon. — Le Maire fait battre le rappel et réunit tous les capitaines de la garde nationale. — Apparition de cinq uhlans à l'entrée de la cour de l'hôtel de ville, rue Claude-Huez ; coup de fusil tiré ; un uhlan blessé. — Le Maire appelé à Pont-Hubert par le commandant d'avant-garde. — Le commandant, en taxant la ville d'une contribution de 10.000 fr., menace le Maire de le faire fusiller si la somme n'est pas versée immédiatement. — Arrestation d'un docteur en visite au Pont-Hubert.

Grâce à l'armée du Rhin, l'armée du maréchal Bazaine, qui tenait en échec la deuxième armée prussienne, nous avions joui, pendant les mois de septembre et d'octobre, d'une tranquillité relative [1].

Mais aussitôt que Metz eut succombé, tout changea

---

[1] La Seine-et-Marne, la Marne, la Côte-d'Or, tous ces départements étaient occupés, le nôtre seul ne l'était pas.

de face. Le 7 novembre, l'ennemi est signalé à Brienne. Ce jour même, le général Lafon invite le maire à se rendre près de lui, et lui demande si la ville avait la volonté de se défendre. Le maire, M. Parigot, répond qu'elle le voulait ; que, sans aucun doute, après tous les sacrifices qu'elle s'était imposés pour la défense, elle se défendrait et ne se livrerait pas sans résistance.

Le général avait objecté que, dans les conditions données, cette résistance était impossible, qu'elle ne durerait pas une heure, et que la destruction de la ville en résulterait sans utilité.

En présence de cette ferme déclaration, le maire ajourne sa réponse, à l'effet de consulter le Conseil, mais exprime la volonté formelle que des mesures soient prises, pour sauvegarder l'honneur de la ville et la garantir d'une surprise.

Le soir même, le général, sans attendre la réponse du maire, avait quitté Troyes, avec tous les mobiles, en laissant aux gardes nationaux mobilisés l'ordre de le rejoindre le lendemain.

Les mobiles et les mobilisés sont remplacés, aussitôt après leur départ, par la garde nationale, dans les différents postes qu'ils occupaient. Le poste de l'octroi, au faubourg Saint-Jacques, à la réunion des deux routes par lesquelles on supposait voir arriver l'ennemi, est considérablement renforcé en raison de cette prévision.

L'ennemi est signalé à Brienne et à Lesmont ; on le croit même à Piney.

Le maire réunit à l'hôtel de ville tous les capitaines; et l'ordre leur est donné de faire battre le rappel. Toute la garde nationale est bientôt sous les armes.

A deux heures et demie pendant la séance du Conseil, une foule considérable envahit la cour de l'hôtel de ville. Un petit peloton de uhlans, commandé par un sous-officier, débouche au galop dans la rue Claude-Huez, et va pour entrer dans la cour de l'hôtel de ville. Aucun de ces cavaliers ne portait de drapeau parlementaire. Un coup de fusil part et l'un des uhlans est blessé.

Le peloton, après avoir riposté par un coup de pistolet, reprend le galop et s'enfuit par le même chemin qu'il venait de suivre ; mais, à peine les uhlans sont-ils arrivés sur la place Saint-Remy que la foule les entoure et parvient à arrêter l'un d'eux, ainsi que celui qui avait été blessé. Un coup de pistolet, tiré par le peloton, atteignit un vieillard inoffensif qui stationnait près de là.

Le uhlan blessé est amené par la population ameutée jusqu'au bureau de police ; il était porteur d'une note, signée par le commandant d'avant-garde, invitant le maire à se rendre à Pont-Hubert, à l'effet de parlementer.

Le maire, accompagné de la Commission municipale, se rend à la Trinité-Saint-Jacques, limite du territoire de la ville, ne croit pas devoir faire un pas de plus et attend le commandant de l'avant-garde ; mais un officier et deux cavaliers arrivent au galop de leurs chevaux et se précipitent, le pistolet au poing, sur le maire et ceux qui l'accompagnent. L'officier leur enjoint de le suivre. Nos magistrats, arrivés au Labourat, à peu de distance du village, sont enveloppés par un fort détachement de cavalerie.

Le commandant déclare au maire, qu'en raison de la blessure faite au uhlan, la ville est frappée d'une contribution de 10.000 francs et que, si le versement n'en est pas effectué immédiatement, le maire et les personnes qui sont avec lui seront gardés comme otages jusqu'au paiement.

Ces messieurs s'indignent et s'élèvent énergiquement contre un tel procédé, mais inutilement. A la menace de le faire fusiller, si la somme n'est pas versée, le maire répond : « Je suis assez vieux pour mou-
» rir, je suis prêt. » Et frappant du pouce sur sa taba-
» tière : « Moi, je ne perdrai pas grand'chose, et, vous,
» vous aurez commis un assassinat. »

MM. Henry et Buxtorf viennent chercher la rançon des otages, retournent au Labourat, et remettent au commandant les 10.000 francs.

Le Maire et la Commission sont rendus à la liberté. A leur départ, le commandant menace la ville de l'incendie et d'une contribution de 500.000 francs, s'il se produit un nouvel acte d'hostilité.

Au retour de ces magistrats, le Conseil, qui siégeait en permanence, proteste hautement contre cet abus de la force, contre cette brutale surprise de nos officiers civils traînés à la remorque de la cavalerie prussienne; il proteste également contre la contribution qui est imposée à la ville ; le cas du uhlan blessé ne pouvant être attribué qu'à la négligence de l'ennemi qui, venant pour parlementer, a pénétré dans la Cité, sans insigne de paix, ni drapeau parlementaire.

Ce même jour, et presque à la même heure, le docteur Hervey se trouvait en visite chez un de ses malades au Pont-Hubert. Il avait laissé devant la porte son cheval et sa voiture, sous la garde de son domestique. Le chef des uhlans n'hésite pas à se saisir de l'homme et du véhicule ; puis, sur les réclamations du docteur Hervey faisant connaître sa qualité de médecin, il riposta : « Tant mieux, le gage n'en est que
» plus sérieux pour nous. » Il s'empara de sa personne, et le poussa au milieu d'un cercle de soldats prussiens, en le faisant avancer à coups de plat de sabre. Les protestations du docteur, ses invocations au respect

de sa profession, rien ne fut écouté; il lui fut déclaré que, si la sommation au maire d'avoir à verser 10.000 francs comme représailles des coups de fusils tirés sur ses hommes n'était pas exécutée dans une heure, lui, le docteur Hervey allait être impitoyablement fusillé[1]. Il ne fut relâché qu'après la remise de la somme réclamée au maire; c'est alors que le commandant dit au docteur : « Vous voyez, Monsieur, que nous sommes » loyaux, nous vous rendons cheval et voiture, et » votre liberté. »

Amère dérision ! Le docteur, arrêté au mépris du droit commun, menacé d'être fusillé pour un prétendu crime qui n'engageait sa responsabilité à aucun titre; ce docteur, selon les derniers mots du commandant, devait aux Prussiens généreux beaucoup de reconnaissance de ne pas avoir été fusillé.

Chapitre II

ENTRÉE DES PRUSSIENS A TROYES

Billets de logement à la craie. — Proclamation de la Commission municipale aux habitants, affichée avant l'entrée de l'ennemi. — Le Général de Blumenthal à l'hôtel de ville.

Le 9 novembre au matin, un officier prussien, à la tête d'un détachement de uhlans, vient requérir le

---

[1] Il le fit garder pendant plus d'une heure, la pointe de deux sabres dirigée sur la poitrine et un fusil braqué sur lui. — La somme réclamée au Maire arrive; alors le commandant s'avance vers le docteur Hervey et lui dit : « Souffrez que je vous conduise jusqu'à votre voiture : nous ne sommes pas des voleurs, nous sommes des gentilshommes. »
(Note des éditeurs).

maire pour le conduire jusqu'à Créney, auprès du général de Blumenthal [1]. Il s'agit, pour le maire, de parlementer avec le général et de s'entendre avec lui sur les dispositions et conditions à arrêter au sujet de l'arrivée des troupes allemandes. Le maire, accompagné de M. Buxtorf, membre de la Commission municipale, s'y rend.

Le général de Blumenthal et le maire débattent les conditions de l'occupation. Il est arrêté, d'un commun accord, que la nourriture et le logement seront mis à la charge des habitants, tous autres objets devant être payés au comptant par l'autorité allemande. Indépendamment de ces conditions, il est convenu que des voitures seront réquisitionnées pour des transports de bagages. Le général stipule également que cinq cigares par jour seront distribués à ses soldats.

Le jour même, les Prussiens font leur entrée en ville. Leur colonne est forte d'environ quatre à cinq mille hommes, avec neuf cents chevaux. Les bataillons défilent dans les principales rues ; plusieurs se rangent en ligne tout le long de la rue Notre-Dame. En guise de trophée, les soldats portent tous à leur casque une petite branche de sapin prise sur les coteaux boisés de Creney et de ses environs. Ils restent à leurs rangs et mettent leurs armes au repos.

Pendant ce temps, les sergents-major de chaque compagnie, un morceau de craie à la main, tracent des chiffres sur la porte des maisons de la rue. Ces chiffres indiquent la compagnie et le nombre d'hommes de cette compagnie à loger. Suivant l'apparence des maisons, en hauteur et largeur, ils assignent à chacune de quatre à douze hommes, méthode sommaire

---

[1] Chef d'Etat-Major du prince Frédéric-Charles.

et commode pour remplacer les billets de logements auxquels on n'a guère recours en temps de guerre.

L'entrée des Prussiens avait été précédée par une proclamation de la Commission municipale dont voici les termes :

« 8 Novembre. Proclamation aux habitants.

« L'intention de la Commission permanente, organe
» du Conseil municipal, était que la ville fut défendue ;
» elle l'a demandé au général commandant le dépar-
» tement. Le général ayant assuré que la résistance
» était absolument impossible, qu'elle entraînerait
» d'inutiles désastres, la Commission n'a pas cru pou-
» voir insister.

« Dès le dimanche 6 novembre, dans la matinée,
» avant même notre réponse définitive, le général,
» d'accord avec le Comité militaire de défense, avait
» décidé la retraite des troupes sous ses ordres. Elle
» s'est effectuée hier, dans la soirée, et ce n'est qu'au
» moment où elle s'exécutait que nous en avons été
» avertis.

« La ville est aujourd'hui sans défense ; les gardes
» nationaux mobilisables, armés il y a huit jours, ont
» reçu l'ordre de suivre le mouvement de retraite. Il
» n'est resté à la garde nationale sédentaire qu'un
» petit nombre de fusils.

« L'apparition soudaine de la cavalerie prussienne
» aux portes de la ville a donné lieu à un incident
» douloureux ; un de nos concitoyens a été blessé ;
» des pourparlers ont dû être engagés par la Commis-
» sion municipale avec les commandants ennemis.

« Vous avez su les difficultés et les périls de cette
» négociation ; les chefs ont déclaré que, dès demain,
» la ville serait envahie par des corps considérables
» d'infanterie, de cavalerie et d'artillerie ; et ils ont

» enjoint le dépôt des armes de toute nature à la mai-
» rie avant dix heures du matin.

« Nous sommes obligés, quelque pénible que soit
» ce devoir, de vous faire connaître cette injonction.
» La ville a été menacée, s'il n'y était point satisfait,
» de l'application rigoureuse des lois de la guerre.

« Abandonnés à nous-mêmes, il nous faut céder à la
» force. Des agressions isolées ne pourraient avoir
» pour la Cité que des résultats désastreux.

« Croyez-bien que c'est la mort dans l'âme que nous
» subissons, avec vous, cette douloureuse épreuve. »

Au même instant que les troupes envahissaient les rues et les maisons, comme d'une ville prise d'assaut, le général de Blumenthal, qui commandait le corps d'avant-garde, s'achemine vers l'hôtel de ville et en gravit les marches, accompagné de son état-major, du maire et des adjoints, auxquels il avait ordonné de le suivre pour qu'ils lui fournissent les renseignements nécessaires sur la topographie des différents quartiers de la ville.

Il s'installe dans la grande salle où la Cité tient ordinairement ses pacifiques réunions de fêtes et de distributions de prix scolaires. Ses officiers d'ordonnance, au nombre de dix, un crayon et un papier à la main, sont debout sur l'estrade autour de la table ovale couverte d'un tapis vert en usage dans nos assemblées civiles.

Le général, le lorgnon sur le nez, se penche sur la carte du plan de la ville déployée sur la table, et les officiers d'ordonnance écrivent sous sa dictée ; de temps en temps, il se tourne vers le maire pour lui adresser des questions d'un ton hautain et méprisant.

Cette prise de possession de la Maison commune par le général et ses officiers d'état-major, bottés et éperonnés, le sabre au côté, qui, d'un coup de crayon, disposent des rues et des habitations, avec l'autorité de conquérants, c'était là le plus pénible spectacle auquel pussent être condamnés nos officiers municipaux.

Cette mise en scène, évidemment, n'avait pas d'autre but que de mortifier ces derniers dans leurs sentiments les plus délicats et les plus élevés, leur civisme et leur patriotisme.

Le lendemain, 10 novembre, le même général menace la ville d'une nouvelle contribution de dix mille francs si, à quatre heures de l'après-midi, le cheval, les lances et les sabres des lanciers arrêtés l'avant-veille, ne sont pas rendus. On ne sait pas ce que sont devenus les objets réclamés ; n'étaient-ils pas, du reste, suffisamment payés par la première contribution de dix mille francs exigée sans cause valable?

Chapitre III.

ÉTOUFFEMENT DE LA CITÉ

La presse soumise à la censure. — Incident résultant de la lecture d'un numéro du « Journal de l'Yonne » au café de Paris, dont les habitués sont sous séquestre pendant plus de trois heures; des sentinelles à toutes les portes. — Violation du foyer domestique, souillé par la présence permanente du soldat prussien, logement et nourriture chez l'habitant. — Demande par le Maire du casernement des troupes ; refusée.

Il y a dans la privation de toute nouvelle du dehors quelque chose de bien douloureux ; mais cependant à un degré beaucoup moindre que dans l'absence de toute notion sur ce qui se passe au cœur même de la Cité qu'on habite.

Là, l'isolement se produit d'un quartier à l'autre, d'une rue à la rue voisine ; les maisons particulières deviennent autant de prisons cellulaires où tous les liens sociaux sont rompus.

A peine les Prussiens avaient-ils fait résonner du talon de leurs bottes l'asphalte de nos trottoirs, que le froid glacial d'un silence de mort nous enveloppait comme d'un linceul. La presse se taisait, ou n'imprimait rien qui n'eût été soumis à la censure, et qui ne fût estampillé par le visa de la Commandantur prussienne.

Les journaux de la localité, qui avaient sous la main tant de sujets de copie, paraissent avec les colonnes du premier-Troyes en blanc. On y cherche vainement la moindre trace des principaux faits de l'invasion; il n'est pas un entrefilet qui en révèle le plus léger soupçon.

Toutes les feuilles subsistaient; aucune n'avait été supprimée. Pourquoi les supprimer ? Elles devenaient entre les mains de nos envahisseurs une arme contre nous, un moyen d'oppression commode; à l'effet d'étouffer toute velléité de résistance, et de paralyser même toute tentative de récrimination. Notre histoire journalière s'écrivait donc, pour ainsi dire, sous la dictée de l'autorité allemande qui dissimulait, de la sorte, l'odieux de ses actes.

Un peu plus tard, l'ombrageuse défiance des prussiens, à l'endroit de la presse, ne s'en tint pas là.

C'était sur la fin de novembre, au lendemain de la sortie victorieuse du général Ducrot, les 28, 29 et 30 novembre. Selon la version prussienne, nous étions battus partout; un fort de Paris, celui d'Ivry, aurait été pris. Mais un journal de l'Yonne qui a trompé la vigilante inquisition de l'ennemi, grâce à la contrebande, nous est parvenu et nous dénonce la vérité sur les faits précédents. Ils étaient tous à notre avantage ; au lieu d'une déroute, c'était un succès.

Au café de Paris, situé sur la place de la Bonneterie, ce journal est mystérieusement communiqué à l'un des habitués présents ; ce dernier se met à copier l'article relatant nos succès. Un officier prussien, qui se trouvait là, voulut lui arracher le journal des mains ; rencontrant de la résistance, il court au poste le plus rapproché, et revient avec les hommes de garde qui se jettent au collet de l'audacieux lecteur du journal de l'Yonne et l'emmènent comme un malfaiteur, les menottes aux pouces, jusqu'à la Préfecture.

Des factionnaires gardent l'entrée et la sortie du café, et tiennent emprisonnés pendant plus de trois heures tous les clients de l'établissement qui, à cette heure de la journée, à deux heures de l'après-midi, sont ordinairement nombreux.

Après interrogatoire et semonce sévère du préfet prussien et du commandant de la place, notre lecteur ne fut relaché qu'à sept heures du soir.

La nourriture et le logement imposés aux habitants, étaient la plus cruelle épreuve à leur faire subir. Outre que cette sorte d'impôt forcé les frappe de la façon la plus inique qu'on puisse imaginer, il les oblige à vivre de la vie commune avec une soldatesque ivre de succès, brutale et exigeante.

A tous les degrés de situations : misère, aisance ou fortune, cette existence d'intimité face à face avec l'ennemi était odieuse, et cependant presque impossible à éviter. C'est ainsi que, pour la plupart, la même nourriture était partagée et servie sur la même table. Heureux ceux qui ont pu, s'isolant de leurs envahisseurs, éviter les contacts humiliants de cette vie commune, et pour ainsi dire côte à côte, à la table et à l'âtre du foyer domestique.

Le Conseil, dès le premier jour, voulut épargner à la population le comble de ces hontes et cet état permanent de violences morales, et tenta d'établir le casernement. De cette façon, pas de conflits, en face de la brutalité et de l'arbitraire, et point, non plus, cette criante inégalité de répartition dans les charges de la nourriture. Les frais résultant du logement et de la nourriture des troupes prussiennes eussent été moins inégalement répartis, en les reportant sur les feuilles d'imposition, à l'article des centimes additionnels.

L'autorité prussienne s'y refusa péremptoirement, ce ne fut que plus tard qu'on put recourir à cette mesure.

Chapitre IV

RÉQUISITIONS

Arrivée du prince Frédéric-Charles à Troyes. — Installation d'un préfet prussien à la Préfecture. — Passage d'un convoi de prisonniers français internés à la Gendarmerie. — Imposition de un million sur le Département. — Perception des impôts. — Nouveau convoi de prisonniers français; ouvrier blessé d'un coup de baïonnette par un soldat de l'escorte prussienne. — Visite aux prisonniers français à la prison.

L'histoire de cette triste époque se répète à peu près la même tous les jours. Ce sont réquisitions sur réquisitions qui tombent sur la tête du Conseil et occupent presque toutes ses séances.

Le jour du passage du prince Frédéric-Charles, le Conseil fut requis, seulement à neuf heures et demie du matin même, par le commandant de la place, d'avoir à tenir prêt pour onze heures le menu destiné au déjeuner du prince. Ce menu extravagant portait des primeurs en plein hiver. Le Conseil eût pu en rire, si la honte que cette injure lui infligeait ne l'eût pas indigné.

Un préfet prussien avait été installé à l'hôtel de la Préfecture par ordre du roi Guillaume, et substitué au préfet français. Il agissait comme si, pour lui, dernier titulaire, il n'y eût eu que le nom de changé. Le 18 novembre, il réclame du Conseil l'appropriation des appartements qu'il veut y habiter, un incendie récent les ayant gravement détériorés. Contraint et forcé, le Conseil vote la somme nécessaire.

En effet, du 4 au 5 novembre, au milieu de la nuit, un incendie s'était déclaré dans les combles de la Préfecture. Le feu, qui avait pris de grandes proportions, dura de minuit à quatre heures du soir. Le sinistre paraît avoir été causé par une poutre traversant une cheminée, vice de construction trop ordinaire dans les bâtiments de nos vieilles villes de bois. Par une coïncidence malheureuse, une grande partie de l'habillement des mobiles, qui devait être livrée la veille même, ne l'avait pas été; tout était devenu la proie des flammes. La perte fut évaluée à cent mille francs.

Le 3 décembre, le préfet prussien adresse à la ville une réquisition ainsi formulée :

1° 5 cigares par tête de soldat ;

2° Haute paye pour les sergents employés au bureau du commandant de place et pour les soldats du poste de la Préfecture ;

3° Fourniture de torches goudronnées pour incendier la ville, en cas d'agression des habitants.

N'étaient-ce pas là d'insultantes provocations de la part de nos envahisseurs ? Il ne fut répondu que par le mépris du silence à l'outrecuidance de cette dernière demande aussi monstrueuse que grotesque.

Ce jour du 3 décembre, samedi jour de marché, un convoi de 324 soldats français de toutes armes, faits prisonniers à Beaune-la-Rolande, arrive d'Estissac à Troyes. Vêtus d'habits en lambeaux, ils paraissent être dans un état de souffrances et de dénuement indicibles. Quelques citoyens se joignent à M. Jacquin (Alexandre) et à moi, comme membres de la Société de Genève, pour leur porter secours. Nous faisons une quête qui s'élève à la somme de six ou sept cents francs, et, de plus, nous recueillons, en fournitures diverses de vêtements, plusieurs lots de tricots, de ceintures, de gilets et de pantalons dont les pauvres prisonniers avaient le plus grand besoin.

Pour obtenir la permission d'arriver jusqu'à eux, il nous faut aller humblement la demander à notre ennemi, au commandant de place siégeant à la Préfecture. Celui-ci nous délivre un sauf-conduit, mais il charge, en même temps, un officier prussien de nous accompagner et de nous surveiller.

Après avoir pénétré dans la gendarmerie, où étaient entassés les prisonniers, nous leur faisons la distribution de nos secours, et, quoique surveillés de près par l'officier prussien, nous arrivons à savoir que, dans cette affaire d'Orléans, les Allemands avaient été battus. Il s'agissait, en effet, du succès obtenu quelques jours avant l'évacuation d'Orléans.

Ce jour-là même, les ouvriers, émus du sort de nos soldats prisonniers, s'attroupèrent et parcoururent les rues toute la nuit, déterminés à les délivrer. Je m'étais occupé de ces malheureux, en leur portant des secours; les ouvriers vinrent chez moi, à l'effet de me prier de me joindre à eux. J'étais absent. C'était là, de la part de nos ouvriers, un beau mouvement, une inspiration louable qui leur fait honneur ; mais il ne suffit pas toujours de vouloir, il faut pouvoir, et l'insuffisance de leurs moyens de délivrance était manifeste. En définitive, la tentative projetée n'eut pas lieu, et le lendemain les prisonniers furent dirigés du côté de l'Allemagne.

Le 5 décembre, à la séance du Conseil, une communication lui est faite d'un arrêté du gouverneur des provinces envahies qui impose le département de un million. Sur ce chiffre, cent un mille francs sont réclamés spécialement à la ville. Le gouverneur motive son arrêté sur la juste indemnité due, selon lui, à la Prusse, pour les dommages causés à sa flotte et l'expulsion des Prussiens établis en France.

L'expulsion des Prussiens établis en France ! Il aurait fallu qu'elle eût eu lieu bien plus tôt ; s'il y a eu des soupçons mal justifiés (et il y en a eu), la plupart étaient fondés.

Grâce aux Prussiens expulsés, l'armée allemande avait à peine besoin d'éclaireurs ; elle connaissait la géographie de la France peut-être mieux que nous-mêmes. Ces commis, ces employés, qui viennent apprendre le commerce et l'industrie dans nos magasins et dans nos manufactures, étudient aussi la topographie de nos contrées, et se rendent compte des lieux et des choses, partout où ils résident, partout où ils passent. Ce qu'il y a de certain, c'est que les moindres détachements allaient droit à leur but, sans hésitations ni tâtonnements.

Cette expulsion des Prussiens était donc, d'après le décret, un crime punissable d'une indemnité de un million pour le département, de cent un mille francs pour la ville.

Mais, comment prélever l'impôt ? L'administration des contributions directes est dispersée, le mécanisme si compliqué de notre système fiscal ne fonctionne plus !

Le préfet prussien a bientôt résolu la question. Les maires des grandes villes, chefs-lieux d'arrondissement, lui feront l'office de sous-préfets ; chargés de la rentrée des impôts, ils opéreront les recouvrements des communes de chaque arrondissement. Le maire, sous-préfet, fera parvenir les cotes aux intéressés, il leur passera les contraintes et avis de paiement.

Les Prussiens croient avoir trouvé le moyen d'intéresser à leur œuvre ces pourvoyeurs improvisés de leurs réquisitions; ils leur annoncent qu'il leur sera alloué 3 % sur le montant de leurs recouvrements.

Le maire de Troyes, à la proposition de ce marché honteux, et avant d'y répondre, réunit à Troyes tous les maires du 1er canton, et leur fait part des prétentions prussiennes, à l'endroit de la perception de l'impôt. Les maires, dans cette réunion, prirent, à l'unanimité, la résolution patriotique de n'opérer aucun recouvrement et de ne pas payer.

Le maire de Troyes lui-même, M. Parigot, avait juré de ne pas se déshonorer au point de se faire percepteur prussien. L'offre d'une commission de 3 % sur le montant des recouvrements n'avait pas produit son effet.

Mais, si les maires avaient résisté aux moyens de corruption, ils fléchirent plus tard sous l'intimidation et devant les menaces. Il y eut peu de maires qui ne vinrent pas eux-mêmes effectuer les versements de leurs communes, à Troyes, entre les mains de l'autorité allemande. Le pistolet sous la gorge, on leur criait : « La bourse ou la vie. » La plupart ont préféré conserver la dernière, sans autre préoccupation des questions de principe.

Le 6 décembre, de nouveaux prisonniers français de

l'armée de la Loire venaient d'arriver, au nombre de 34, moitié turcos, moitié zéphirs. Une foule compacte d'habitants leur fait escorte jusqu'à la prison, où ils devaient passer la nuit. Sur le pont de la Cité, un individu de la foule, un ouvrier, peut se rapprocher assez des prisonniers pour donner la main à l'un d'eux. En lui donnant la main, il commit le crime de crier : *Vive la France*, et peut-être : *A bas la Prusse !* Un des soldats du détachement qui conduisait les prisonniers, l'arme au bras, se jette sur cet individu et lui porte plusieurs coups de baïonnette. Cet habitant inoffensif, dont le tort est d'être patriote, blessé au dos et au bras, cherche à fuir. Il se réfugie dans la pharmacie Michel, sise en face du pont. Les soldats y pénètrent aussitôt, et veulent, dans le premier moment, faire un mauvais parti au pharmacien, parce qu'ils ne trouvent pas leur homme. Ce dernier s'était blotti dans une armoire où on le découvrit peu après. Emmené, brutalisé par cette soldatesque, il fut néanmoins remis en liberté le soir même.

Des secours ont été portés à ces derniers prisonniers comme aux premiers. Un commandant en retraite, M. Pité, se joignit à moi pour recueillir quelque argent et des effets. Plusieurs fabricants nous remirent des caleçons et des gilets de tricot, objets bien nécessaires pour le moment, en raison du froid qui sévissait.

Munis d'une permission régulière, et accompagnés d'un sous-officier, nous portons, à cinq heures du soir, notre offrande aux prisonniers à la prison même. Ces prisonniers étaient divisés en deux bandes, chacune dans une pièce séparée : les zéphirs d'un côté, les turcos de l'autre.

Il nous fut facile de nous entretenir avec eux sur la situation de notre armée qu'ils nous représentaient comme favorable. Du reste, le sous-officier prussien qui était chargé d'épier nos démarches, de nous surveiller au sujet de nos moindres paroles, et qui avait à sa suite un peloton en armes, fit la sourde oreille. Il faut dire, à sa louange, qu'il ressemblait peu à ses compatriotes ; car il donna, de sa poche, de l'argent et du tabac aux prisonniers qui l'en remercièrent, mais ce qu'il faut admirer, c'est qu'il leur répondit : « Mes » amis, vous en avez plus besoin que moi, ne me re- » merciez pas. »

Selon leurs dires, après avoir été placés en tirailleurs, au nombre de 700, ils avaient été tournés et enveloppés par près de 10.000 hommes ; mais si l'ennemi avait fait 34 prisonniers, nous lui en avions fait 3.000 de notre côté. La conclusion, c'est que nous devions triompher. Vous comprenez facilement qu'un semblable langage ait été accueilli par nous avec la plus grande satisfaction. Nous ne nous lassions pas de les écouter.

Assis à terre, les jambes croisées, habillés du costume pittoresque des régiments indigènes d'Afrique, ils formaient tableau ; ces yeux brillants comme du feu, ces dents d'une blancheur contrastant avec le teint noir de leur peau luisante ; ces gestes saccadés, d'une vivacité nerveuse particulière à cette race d'hommes ; tout cet ensemble était d'un effet saisissant. Dévoués jusqu'à la mort, ils sont terribles sur le champ de bataille ; les Prussiens les appelaient des bêtes fauves. Le lendemain, ils furent dirigés sur l'Allemagne, mais plus d'un parvint à s'évader et à glisser entre les mains de ses geôliers avant d'arriver à la frontière.

Nous avions entendu, dans les premiers jours de décembre, le bruit sourd d'une canonnade continuelle qui suivait la vallée de la Seine et se répercutait jusqu'à Troyes, contre les murs d'une propriété située rue des Marots, au bout de la rue de Paris. Plusieurs habitants se sont portés à cet endroit, prêtant l'oreille à l'écho. Il semblait que l'armée de Paris venait à nous, ou du moins s'en rapprochait. Il n'en était rien, malheureusement le contraire avait lieu. Après avoir franchi la Marne, le général Ducrot se vit obligé de rétrograder le 3 décembre et de la repasser.

En outre, les 7, 8 et 9 décembre sont des dates fatales pour notre armée de la Loire. Orléans est évacué par nos troupes, et repris par les Prussiens.

Chapitre V

RÉGIME DES OTAGES

Quelques populations opposent une résistance passive à la levée des contributions prussiennes. — Otages emprisonnés et dirigés sur l'Allemagne. — Otages sur les locomotives pour préserver les convois de l'attaque des francs-tireurs. — Protestation énergique du Conseil municipal — Réponse du Commandant de la Place, le colonel Von Held, à la protestation du Conseil.

La question du paiement des impositions décrétées à tout propos, et avec des appellations multiples et spéciales, soulève toujours des résistances et reste en suspens. Il y va peut-être de l'existence de nos villes, mais, à coup sûr, de la sécurité de nos personnes.

Arcis-sur-Aube vient de refuser de payer ; au jour fixé, cette ville n'a pas versé sa part de l'impôt dit « des couvertures. » Trois de ses conseillers municipaux sont saisis et incarcérés ; ce sont MM. Aviat, Bidault et Carteret ; ils viennent d'être conduits à

Troyes par une escorte de soldats allemands pour être transportés au delà du Rhin.

Ce dernier procédé réussit mieux, en effet, et est plus profitable que la ruine et l'incendie des villes. Brûler les villes et les villages, expériences malheureusement trop pratiquées par les Allemands (témoin autour de nous, Auxon, Marcilly, Conflans-sur-Seine), incendier, c'est se couper la retraite et se priver de toutes les ressources que présentent les cités en général.

Les victimes de l'exil ont été nombreuses, et il faut assurément les plaindre ; mais nos concitoyens ont, au moins, l'appréciable mérite d'avoir détourné sur une seule tête, sur la leur, le coup qui eût frappé, peut-être, toute une population.

C'est ainsi que les Prussiens ont mis largement en usage et perfectionné ce même système d'otages sur les trains de chemin de fer, dans le but de se préserver de tout danger et de prévenir tout déraillement sur la voie.

Plusieurs fois déjà, les trains avaient subi de graves accidents à certains points de la ligne ; les rails avaient été brisés, le plus souvent par le fait des francs-tireurs. Incorporés à l'armée, ces derniers, en s'attaquant à nos voies ferrées dont les Prussiens se servaient contre nous, faisaient œuvre de guerre, et n'excédaient en rien la loyale application des droits de la défense.

De bonne foi, pouvait-on rendre responsables les habitants désarmés et paisibles, pour des faits de guerre qui leur sont absolument étrangers, et les traîner sur les locomotives.

La force prime le droit, c'était l'argument des temps de barbarie, mais l'Allemagne le fait revivre au mépris de l'histoire et du progrès des s   . Les lois de la guerre civilisée affranchissent la population civile des conséquences des hostilités : système de réquisitions, extorsion d'argent pratiquées par l'intimidation et la violence sur les villes et les particuliers, enlèvement d'otages, otages emmenés sur les locomotives; tous actes qualifiés de brigandage régulier et collectif, indignes d'un peuple qui se respecte, c'est le spectacle que la Prusse a donné au monde du xixe siècle.

Relativement à ces otages, voici un extrait du texte de l'arrêté du gouvernement du roi Guillaume inséré au *Moniteur officiel* qui lui sert d'organe :

« On placera les otages sur la locomotive de manière
» à faire comprendre que tout accident causé par l'hos-
» tilité des habitants frappera en premier lieu leurs
» nationaux.

« Le service d'accompagnement des trains sera
» requis par les soins des autorités civiles et mili-
» taires. »

L'ordre exprès d'appliquer la mesure à la ville de Troyes parvient au Préfet par dépêche le 28 décembre.

Signification est faite au maire d'avoir à désigner vingt notables pour accompagner tous les jours la locomotive du chemin de fer.

Cette signification était accompagnée d'une lettre par laquelle le Préfet appuyait intentionnellement sur ce point que, bien entendu, le Conseil municipal serait exempté de cette nouvelle charge, et qu'il ne voulait aucunement désorganiser les services publics en le soumettant à la mesure.

Le même acte tyrannique et odieux s'était produit à Bar-le-Duc, le Conseil municipal de cette ville avait énergiquement protesté. La ville de Troyes en agit de même, et son Conseil rédigea, en réponse à la signification, une protestation identique à celle de Bar-le-Duc, finissant par ces mots :

« Le notable lui-même serait le premier à favoriser
» l'attaque des trains au péril de ses jours, si l'attaque
» se produisait au profit de la défense nationale ; pour
» ces causes, le Conseil refuse à l'unanimité. »

En tout cas, si par la violence l'autorité forçait à l'exécution du décret, le Conseil en prévision décide qu'il ne désignera aucun de ses concitoyens et qu'il considère comme un devoir de leur épargner cette humiliation ou plutôt cet honneur, en le réservant aux seuls membres de cette Assemblée. Ensuite, il est procédé, dans cette hypothèse, à la fixation du jour pour chacun des membres qui remplaceront les notables.

La réponse à cette protestation du Conseil, réponse faite par le colonel Von Held, commandant de la place, est empreinte de la dernière violence et du mépris le plus outrageant. Cette phrase, prise au hasard dans ce factum, en démontre suffisamment le caractère :

« Ce n'est qu'à ma modération que la ville devra de
» ne pas subir une punition exemplaire ; je l'engage à
» ne pas recommencer. »

Il se contente, pour le moment, de lui infliger un blâme sévère, en raison des expressions insolentes de la protestation de son Conseil.

Chapitre VI

ACTES DE VIOLENCE

Entrée en ville d'une ambulance française de l'armée de la Loire. — Réquisition de bottes. — Ouvrier fusillé par un soldat d'une patrouille prussienne pour une brouette de charbon prise à la gare. — Bruits d'armistice. — Meurtre d'un brasseur du quartier-bas nommé Gouard, sur la place de la Préfecture.

Le 2 janvier 1871, une ambulance française arrive à Troyes, et son entrée est saluée par des cris de « Vive la France. » Une foule considérable se masse sur son passage et aux alentours de la caserne de l'Oratoire où elle doit se rendre. Le drapeau tricolore et le drapeau de la Société internationale de Genève, avec croix rouge sur fond blanc, flottent au-dessus de ces voitures.

Ces oriflammes avec croix rouge, que l'on ne connaissait pas généralement, cela suffit pour faire croire à la population que ce sont là des francs-tireurs déguisés. Aussi, la foule et avec elle, les cris augmentent de plus en plus.

Les Prussiens veulent dissiper l'attroupement ; des actes de brutalité barbare se produisent. Il y a des coups de baïonnette donnés, des coups de fusils sont tirés, et sur plusieurs points des groupes sont mis en joue. Un vieillard, pris au hasard au milieu de la foule, est traîné par quatre soldats allemands qui le poussent à coups de crosse jusqu'à la Préfecture.

Les Prussiens battent le rappel, la générale ; un tambour, accompagné de trois fusiliers, parcourt les principales rues. On croit en ville que ce sont des troupes françaises qui attaquent la garnison. Tous les marchands se hâtent de remettre leurs volets à la devanture de leurs boutiques et ferment leurs portes.

C'est une terreur générale, une véritable panique parmi les troupes prussiennes qui se rassemblent à la hâte. Bientôt, après quelques patrouilles, tout rentre dans le calme, les Allemands se rassurent. Ils n'étaient pas en présence de francs-tireurs, mais bien d'un groupe de membres de la Société de Genève régulièrement organisé.

Tombée entre les mains des Prussiens, à la retraite des Français à Orléans, cette ambulance avait été contrainte, pour rejoindre l'armée française, de prendre un énorme détour. Sous prétexte de dissimuler leurs dispositions stratégiques, les Prussiens l'obligeaient à passer par Strasbourg et la Suisse. Pendant ce temps-là, que sont devenus nos pauvres blessés ? Et les journaux prussiens accusaient, dans le même moment, l'armée française d'avoir abandonné 5.000 de ses blessés sur le champ de bataille, sans secours. La rigueur dont usaient les Allemands envers nos ambulances ne pouvait guère avoir pour effet de favoriser le sort de nos blessés, et n'indiquait pas, de leur part, un bien grand sentiment d'humanité. La Prusse était pourtant signataire du traité international de la Société de Genève garantissant la neutralité des ambulances et des ambulanciers ; et elle était, comme nous venons de le voir, la première à le violer.

Dans l'intervalle, le Conseil municipal ne cessait d'être harcelé de demandes et de réquisitions de toutes sortes.

La récapitulation des sommes à payer à l'autorité prussienne, dans le commencement de janvier est longue :

Contributions directes pour le mois courant.....................	120.000 fr.
Le reste du million départemental..	80.000
Pour les ouvriers sans travail, le mois courant...................	60.000
Pour la nourriture des troupes à la charge de la ville..............	60.000
Divers........................	10.000
Réquisition de bottes, évaluée....	40.000
Total.....	370.000 fr.

Il est vrai que, pour le dernier article de la nomenclature, on n'exige pas d'argent. Il n'y a que des bottes à fournir ; bottes de bon cuir, bien conditionnées, et de tailles différentes. Voilà ce que disent, avec une certaine malice, les Prussiens : « Vous n'avez pas d'argent, MM. les Français, eh bien ! donnez des bottes. »

Cette mauvaise plaisanterie n'aboutit qu'à un surcroît de vexations. Les bottes ne sont plus en usage chez nous, et on n'aurait pas pu en réunir une centaine de paires dans tout le département.

La résolution définitive du Conseil, à propos des versements à faire, du paiement des contributions à effectuer, n'avait pas encore été prise. Le Conseil, avant de se prononcer, voulut connaître l'opinion des trente plus imposés, conformément à la loi, dans certaines circonstances difficiles. Ces derniers furent réunis à l'hôtel de ville, et à la presque unanimité, ils répondirent qu'il fallait payer, plutôt que de s'exposer au pillage, les victimes ne devant pas être plus tard indemnisées par l'Etat.

Le 26 janvier, une arrestation fut faite à la gare par une patrouille prussienne. Un ouvrier y avait pris une brouette de poussier de charbon, encouragé, aidé même par un soldat prussien de garde à cet endroit. En quittant la gare avec sa brouette chargée, il est rencontré par la patrouille qui l'arrête sans explications, et le conduit à la Préfecture pour le remettre entre les mains du commandant de place.

Dans la rue Notre-Dame, à la hauteur de la rue Montée-des-Changes, cet ouvrier s'esquive et s'engage dans cette dernière rue : l'un des hommes qui le conduisaient, sans même essayer de le rattraper, l'ajuste et fait feu sur lui. L'ouvrier frappé au dos et traversé de part en part par la balle, tombe baigné dans son sang. La victime de cet acte barbare était un bonnetier du nom de Guénot-Caroujat.

Une protestation énergique contre un tel abus de la force, contre cette pratique de justice sommaire pour un pareil fait, fut votée par le Conseil et adressée immédiatement au préfet de l'invasion.

Le 29 janvier, il circule dans Troyes le bruit qu'un armistice de trois semaines a été signé pour permettre de procéder aux élections d'une Constituante. Est-ce une capitulation, ou n'est-ce qu'un armistice, une suspension d'armes ? Les esprits, au milieu de ces vagues renseignements, sont agités des plus vives inquiétudes. Il se confirme, le lendemain ou le surlendemain, qu'il s'agit bien d'une capitulation avec conditions, et non simplement d'un armistice.

Il n'y avait plus à Paris que pour huit jours de vivres, en pain et en viande de cheval, et encore à la condition d'abattre tous les chevaux de l'armée. Les dernières sorties n'avaient pas eu de succès. Fallait-il en tenter de nouvelles après l'expérience répétée qu'on en avait faite ? Ce ne fut pas l'avis des ministres qui étaient restés au milieu des assiégés. L'armée de la Loire était en retraite, celle du Nord subissait des échecs, et celle de l'Est, sous le commandant de Bourbaki, malgré le succès de Villersexel, passait la frontière, désarmée, pour se réfugier en Suisse.

Cette fatale issue, à la suite de tels précédents, ne semblait donc pas pouvoir être évitée.

Nous espérions, du moins, que l'armistice, en suspendant les hostilités, allait suspendre, en même temps, les réquisitions et les vexations de toute sorte, dont nous étions chaque jour abreuvés. Cette illusion ne fut pas de longue durée ; le 7 février, de dix à onze heures du soir, un nouveau crime, du caractère le plus sauvage, a été commis.

Le garçon du café Darce, situé en face de la Préfecture, en fermant à l'heure ordinaire un des volets du café, en frappa involontairement un officier prussien qui passait, dans le même instant, sur le trottoir. Le

Prussien, furieux, dégaîne, se jette sur le garçon, le frappe à coups de sabre, et même, de la pointe, il l'atteint au côté. Le jeune homme saisit la lame du sabre avec ses mains et se débat, les doigts tout ensanglantés.

Au bruit produit par cette affreuse scène, M. Darce, le propriétaire du café, et quelques consommateurs qui s'y trouvaient encore, sortent pour se rendre compte de ce qui se passe. A la vue de ce renfort, l'officier lâche le garçon et va à la Préfecture chercher le poste. Les hommes du poste accourent et saisissent M. Darce et son garçon, en les poussant devant eux, à la pointe de leurs baïonnettes. Ils ne s'en tiennent pas là, ils veulent s'emparer également des gens inoffensifs qui sortaient du café, et jugeaient prudent de s'éloigner à l'arrivée du poste. Les soldats prussiens leur crient de s'arrêter, et aussitôt l'un d'eux tire un coup de fusil qui n'atteint personne. Un brasseur du quartier bas, nommé Gouard, se décide à revenir sur ses pas et se retourne ; il reçoit, en pleine poitrine, le second coup de fusil que le soldat avait tiré presque en même temps que le premier. Il est tombé mort sur le champ. N'était-ce pas un véritable assassinat accompagné des circonstances les plus aggravantes ?

Une enquête fut immédiatement ordonnée par le maire, déterminé à poursuivre cette affaire et à ne pas laisser les coupables impunis. Dans la plus prochaine de ses réunions, le Conseil exprima son indignation en termes énergiques et adressa une protestation très vive au préfet prussien, contre ce meurtre abominable d'un citoyen paisible, par un officier, par l'un des siens.

A la suite de cette histoire si tristement dramatique, le colonel Von Held, commandant de la place, jugeait avec raison que la population devait être irritée contre lui, et il avait publié une proclamation aux habitants par laquelle, tout en s'adressant à la générosité de leurs sentiments, il les accuse de vouloir l'assassiner, et les avise qu'il se propose de ne sortir qu'entouré d'une garde du corps.

L'appréhension du colonel Von Held, produite en de tels termes, était une injure de plus à l'adresse de notre Cité, qui ne compte comme habitants que des patriotes incapables de lâcheté.

TROISIÈME PARTIE

L'ARMISTICE

Chapitre Ier

REDOUBLEMENT DE RIGUEURS

Nouvelle contribution de 300.000 francs sur le Département. — Amende de 5 pour 100 par jour de retard dans le payement. — Voyage d'otage à Bar-sur-Seine.

Voyant ses ressources épuisées, le Conseil prit la résolution d'envoyer une députation au roi Guillaume, à Versailles, avec mission de lui demander d'exonérer la ville. Cette démarche, dont le caractère était discutable peut-être, n'avait aucune chance d'aboutir. Le préfet prussien ne voulut même pas délivrer de sauf-conduit aux membres de la Commission.

On procède, le 8 février, aux élections de députés à l'Assemblée nationale. Elle se réunit quelques jours après à Bordeaux, et la question de la guerre ou de la paix va recevoir une solution très prochainement, l'armistice finissant le 21 du mois.

La paix votée, notre situation se simplifie ; nous cessons d'appartenir au gouvernement prussien, et nous ne relevons plus que du nôtre. Aussi le préfet de l'invasion se hâte-t-il, en face de l'éventualité de la paix, de pressurer la ville et les campagnes avec un redoublement de menaces et de rigueurs excessives.

Le 11 février, postérieurement par conséquent à l'armistice, un fil télégraphique a été rompu, par accident ou à dessein ; nul ne le sait. La ville est, pour ce fait, frappée de 2.000 francs d'amende.

Le 13 février, un arrêté du gouverneur général de la province impose le département pour une somme de 300.000 francs sur laquelle 30.331 francs incombent à notre Cité.

Un décret parait, à la date du 15, en plusieurs articles. Voici les termes de l'article 2 : « Les communes
» en retard pour le paiement des contributions auront
» à payer une amende de 5%/₀ de la somme due par
» jour de retard. Cette mesure est applicable aux arré-
» rages de cette année et de l'année précédente. »

L'exécution militaire n'était plus en jeu, mais le système d'énormes amendes qui la remplaçait, n'en produisit pas moins son effet sur le Conseil qui autorisa le maire à verser les 30.331 francs réclamés.

Nous étions de plus en plus accablés sous le poids de nos charges, et les ateliers municipaux fonctionnaient plus que jamais [1].

Des commissions avaient été organisées, par sections, pour rechercher du travail dans les ateliers ; le président de section était pris dans le Conseil, des citoyens lui étaient adjoints pour chaque paroisse. Une Commission spéciale de contrôle et de renseignements était instituée, avec mandat de visiter tous les

---

[1] 7 chantiers étaient ouverts le 18 février 1871 : 1° au nouveau cimetière ; 2° rue Brulard ; 3° au chemin des Marots ; 4° au chemin de la Vacherie ; 5° au moulin de la tour ; 6° au terrain destiné au tir ; 7° au chemin des Vassaules. Les ouvriers de ces chantiers étaient tenus de répondre à trois appels par jour.

industriels, en vue de fournir du travail mieux rémunéré et plus productif aux ouvriers inoccupés.

L'accompagnement des trains par les conseillers municipaux n'avait pas cessé, non plus, malgré l'armistice. Le 25 février, un bulletin de réquisition me fut adressé [1]. Je parle de ce fait, parce qu'il ne s'applique pas exclusivement à moi, et que le rôle d'otage a été rempli, non-seulement par les membres du Conseil municipal de Troyes, mais encore par ceux de beaucoup d'autres Conseils municipaux du département.

On ne connaissait, jusqu'alors, que les otages en garantie de paroles données, de traités conclus. Les Allemands, eux, prennent des otages pour se garantir des balles de l'ennemi, d'une attaque en chemin de fer, disons-le en passant, moyen brave et chevaleresque, digne des Prussiens, d'affronter le danger.

Je présente mon bulletin au chef du train ; on ne me place pas, cette fois, sur la machine à vapeur, à côté du chauffeur, comme l'indique l'arrêté ; on me fait monter dans un compartiment de deuxième classe occupé déjà par trois officiers prussiens, trois surveillants, en outre par un habitant de Bar-sur-Seine qui avait quitté cette ville le matin, également comme otage. (C'était un avoué de Bar-sur-Seine nommé Lefebvre).

---

[1] Voici les termes de ce bulletin : « Monsieur Louis Saussier,
» conseiller municipal, est invité à se rendre, à vue de la pré-
» sente, à la gare de Troyes, à la disposition du soussigné, pour
» accompagner, par mesure de sûreté, le train partant ce jour, à
» une heure pour Bar-sur-Seine. En cas de refus, la gendarme-
» rie procédera à la contrainte par corps. »

Troyes, ce 25 février.
Le commandant d'étapes,
Signé : Illisible.

A mon arrivée à Bar-sur-Seine, j'ai été prié, au nom du maire, de me rendre au Conseil municipal, réuni à ce moment même, à l'effet de le renseigner sur la question des impositions. Je lui ai dit que Troyes avait payé novembre, décembre et janvier, en partie seulement, le complément garanti par dépôt de titres et d'obligations entre les mains de l'autorité allemande. Quant aux versements du reste à payer, il devait être effectué sous huit jours, sans autre avertissement.

Mis en demeure d'exprimer mon opinion personnelle sur le danger d'exécution militaire, en cas de refus de paiement, je déclinai toute responsabilité, et, réserves faites, je dus avouer que le refus de paiement à la veille de la paix, ne me semblait pas devoir entraîner, autoriser, l'emploi de mesures violentes ; que, la paix une fois signée, le Gouvernement français devenait seul responsable des engagements nationaux pris, quels qu'ils fussent, vis-à-vis de l'étranger, et que, par conséquent, si légitimement, en vertu du traité, nous devions être contraints, ce ne serait plus au gouvernement prussien que nous aurions à répondre, mais à notre Gouvernement, le gouvernement français.

M. le Maire me remercia, et je quittai la séance pour reprendre ma place d'otage au chemin de fer et revenir à Troyes.

L'organisation prussienne du service des chemins de fer paraît être moins exacte, moins diligente que l'administration française. Je suis entré du dehors sur la voie sans être arrêté par personne ; il n'y a ni garde-barrière, ni sentinelle ; à peine demande-t-on à voir les billets de place et à exercer un contrôle.

Les chefs de gare portent le costume militaire ordinaire, la tunique bleue avec une casquette ronde toute rouge, ce qui les distingue des officiers, des militaires, qui ont la casquette bleue avec une bande rouge seulement. Ils annoncent le départ, comme nous, par des coups de sifflet.

Le lecteur me pardonnera, en raison de mon caractère d'otage inoccupé, cette digression, bien qu'elle n'ait qu'un simple intérêt de curiosité.

Chapitre II

EXTORSIONS PRUSSIENNES

Signature des préliminaires de la paix par le roi Guillaume et le Gouvernement français. — Refus des contributions communales à la Commandantur, sur un ordre du Préfet prussien. — Ordre contraire du même Préfet, vingt-quatre heures après. — Délibérations du Conseil au sujet du paiement des impôts de février, et manœuvres d'intimidation de l'autorité prussienne pour forcer la décision du Conseil dans l'ignorance du vote de l'Assemblée. — Refus de paiement, malgré les exhibitions militaires, et délibération motivée du Conseil.

Le lendemain, dimanche 26 février, le bruit court que la paix est signée, nouvelle vague et non officielle ; mais le 27 cette nouvelle est confirmée.

Dès le matin les employés de la caisse prussienne, sise à la préfecture, renvoient les maires qui apportaient l'argent des contributions. M. Herment Zacharie, maire de Vendeuvre, était porteur de cent mille francs destinés aux Allemands. Bien heureux qu'on lui refuse la porte, il reprend le chemin de son pays avec son argent et rassure les contribuables.

Bientôt sont apposées sur tous les murs de la ville des affiches qui reproduisent l'annonce de la paix par le roi Guillaume à Augusta, en allemand et en français.

Mais les conditions qui forment les préliminaires de la paix sont désastreuses. L'Alsace, la Lorraine allemande, Metz, sont enlevées à la France. Ces clauses déplorables jettent dans le public une profonde tristesse, et donnent lieu à quelques manifestations. Toutes les affiches du roi Guillaume sont illustrées d'épithètes violentes ; un placard sur papier blanc écrit à la main, collé au mur de la halle aux grains, couvre l'une de ces affiches, et fait appel à la résistance et à un soulèvement général.

On espère encore que l'Assemblée nationale gagnera quelque chose par le débat de ces conditions et en atténuera l'énormité. En effet, ces préliminaires de paix, signés par les ministres, n'engageront la France qu'après leur acceptation par nos représentants.

En attendant, les Prussiens recommencent à nous écraser d'exigences, de menaces et de réquisitions. Le caissier des troupes allemandes qui avait refusé, au grand étonnement des maires, l'argent des contributions, est revenu sur cette résolution. Il paraît que le préfet prussien s'était trompé ; il s'était transporté à Reims pour prendre les ordres de son gouvernement, et c'était de cette ville même qu'il avait adressé à ses secrétaires, à la préfecture de l'Aube, un télégramme par lequel il leur recommandait de ne recevoir ni impôt, ni réquisitions, la signature de la paix leur enlevant tout droit de percevoir.

C'est un langage tout différent qu'on nous tient aujourd'hui. En ordonnant à ses bureaux de refuser les contributions, le baron de Stein n'avait, paraît-il, écouté que son grand désir d'être agréable aux habitants, et il avait interprété, dans un sens qui leur était favorable, le texte du traité. Le lendemain donc, il écrivait le contraire de ce qu'il avait télégraphié la veille. L'impôt et les réquisitions devaient être perçus, comme avant la signature des préliminaires de paix.

Il n'est pas admissible que, sur les lieux, le préfet n'ait pas consulté son Gouvernement, et ait, au contraire, pris sur lui de suspendre tout paiement des contributions par pur intérêt pour les Troyens et les habitants de l'Aube. N'est-il pas plus vraisemblable qu'après réflexion on a espéré, par les procédés usités jusqu'alors, abuser encore de l'esprit de prudence de quelques maires tremblant, non pour eux, mais pour leurs administrés.

Le 2 mars, le préfet prussien met la ville en demeure de payer les contributions le jour même. Le Conseil se réunit à cinq heures, et vote, à l'unanimité, que la demande de paiement est rejetée.

Le matin 3 mars, à neuf heures, le Conseil se réunit de nouveau et revient sur la question tranchée la veille. D'après les communications inexactes faites par le préfet prussien, au sujet du traité de paix, le versement est décidé par 12 voix sur 20 membres présents.

Le jour même, à une heure de l'après-midi, le *Journal officiel* nous apprend la ratification du traité par l'Assemblée, avec 546 voix pour et 107 contre.

Il est bien certain que le préfet connaissait le vote de l'Assemblée et qu'il s'était hâté de nous communiquer les conditions du traité d'une façon incomplète, pour nous amener à payer sans plus de retard. Et ce qui confirme cette appréciation, c'est le redoublement de moyens d'intimidation qu'il a mis en œuvre au dernier moment. Le 3, cinq cents hommes, le sac au dos, sont partis à huit heures du matin pour la campagne, semblant avoir pour mission l'exécution militaire des communes récalcitrantes. Une compagnie est partie également à la même heure, mais seulement pour traverser les rues de la ville et faire voir deux canons devenus légendaires, canons qui ne sortaient que dans les grandes circonstances.

La réunion du Conseil municipal, que le préfet espérait faire revenir sur son refus de paiement émis hier, était fixée pour neuf heures, ce qui explique suffisamment la promenade à huit heures des deux canons et la sortie de plusieurs compagnies de fusiliers, sac au dos.

Malgré ces démonstrations, sur la proposition du secrétaire, le Conseil, qui avait voté le matin le paiement sous l'influence d'une erreur matérielle, après avoir pris connaissance du *Journal officiel*, énonçant les effets de la paix au sujet des contributions non payées, déclare, à l'unanimité, maintenir son vote du 2 courant, portant le refus de paiement, soit en valeurs, soit en titres de garantie.

QUATRIÈME PARTIE

INEXÉCUTION DU TRAITÉ DE PAIX A TROYES ET DANS LE DÉPARTEMENT

Chapitre Ier

EFFETS DU TRAITÉ DE PAIX
SUR LE PAIEMENT DES CONTRIBUTIONS ET RÉQUISITIONS

Arrêté du Préfet prussien transformant les troupes logées chez l'habitant en garnisaires; menaces contre les membres du Conseil opposés au payement. — Articles des préliminaires de paix interdisant toute perception des prussiens. — Passage de troupes allemandes nombreuses. — Réquisition de trois jours de vivres pour les conducteurs de chariots à la suite de l'armée. — Instructions du Ministre de l'Intérieur et du Ministre de la Guerre. — Adieux du préfet prussien.

La question de paiement, qui paraissait complètement vidée par le vote du 3 mars, revient de nouveau en discussion. Le 6 mars, le Conseil est convoqué d'urgence à midi pour trois heures.

Le préfet prussien maintenant ses prétentions par la raison que le département est un département occupé, la Commission municipale s'est rendue près de lui. Le baron de Stein affirme à celle-ci qu'il a consulté de nouveau son gouverneur de Reims, qui, lui-même a consulté M. de Bismark, et que, selon ce dernier, les impôts étaient dus, et leur recouvrement exigible par tous les moyens jugés nécessaires. Et la preuve, aurait-il ajouté, c'est que j'ai pris un arrêté, arrêté qui allait vous être envoyé, si vous ne fussiez pas arrivés. Lecture en fut donnée à la Commission municipale. Il s'agissait dans cet arrêté :

1º De transformer les troupes logées chez l'habitant en garnisaires, c'est-à-dire de forcer l'habitant à payer 2 francs par soldat et 6 francs par officier, qu'il devra loger et nourrir en outre ;

2º D'agir, selon les circonstances, contre divers membres du Conseil qu'il lui plaira à lui préfet de désigner.

Le baron allemand avait eu recours à ce dernier procédé, imaginant qu'il aurait eu le plus grand effet sur l'esprit de certains membres du Conseil. Plusieurs conseillers, entr'autres le docteur Vauthier, dénoncent cette mesure comme attentatoire à la dignité de l'Assemblée, comme une manœuvre déloyale et outrageante et déclarent que, tout en maintenant leur vote contre le paiement, ils s'abstiendront de discuter. Un membre du Conseil s'insurge contre cette allégation produite que les noms des opposants aient été communiqués au préfet prussien. Il prononce, pour le besoin de son argumentation, un juron énergique, en l'accompagnant de deux coups de poing sur la table, à tout briser. Malgré cette explosion violente d'un démenti, l'allégation est rigoureusement maintenue.

Les dires du préfet étaient-ils fondés, en ce qui touche son droit de perception ? Voici l'article en substance relatif à la question : « A partir de la ratifi-
» cation des préliminaires de la paix par l'Assemblée
» Nationale, toute contribution sera perçue par le Gou-
» vernement français et par des employés français. »

On ne pouvait pas nous rendre notre indépendance d'une façon plus catégorique et par des expressions plus précises. Il y a bien les conditions particulières de la prorogation de l'armistice qui sont contraires ; mais cette pièce est antérieure à la signature des préliminaires de paix, et n'étant point visés par eux, dans les dernières conditions, elle est annulée de droit.

Le paiement n'était point exigible et, de plus, la somme qui était réclamée au Conseil était exhorbitante, soit 237.000 francs, pour le mois de février, ce qui élèverait le chiffre total pour l'année entière à 2.844.000 francs environ, chiffre monstreux, bien supérieur au chiffre ordinaire de nos impositions annuelles qui ne s'élève qu'à 450.000 francs. Notre résistance obstinée était donc fortement motivée.

Classés dans les départements occupés ou non-occupés, selon le traité, nous ne devons plus que les impôts ordinaires dus à l'Etat, à l'exclusion formelle de toute contribution extraordinaire.

Du reste, dans le cas où les clauses du traité eussent été mal comprises, ou n'eussent pas été exécutées par les départements occupés ou non, le Gouvernement français, signataire du traité, comme responsable, avait le devoir rigoureux d'intervenir. Cependant le Conseil crut convenable de voter le paiement de la somme réclamée, mais heureusement avec cette restriction qu'il ne fournirait que des titres en garantie, et sous toute réserve, de sorte que ce dernier paiement put être ainsi évité.

Du 9 au 25 mars, il se fait dans notre ville un passage de troupes nombreuses pouvant s'élever à 100,000 hommes. En vertu du traité, nous ne devons ni vivres ni coucher. L'intendance prussienne est chargée de pourvoir aux besoins de l'armée allemande. Nous sommes néanmoins soumis à la torture par d'innombrables réquisitions.

L'exigence des autorités allemandes va jusqu'à réclamer pour des conducteurs de chariots à la suite de l'armée, mais n'en faisant partie à aucun titre, le même traitement que pour les troupes régulières.

A un premier passage, on comptait 850 chariots attelés de 1950 chevaux, 2000 leur ont succédé.

Ces équipages délabrés garnissaient la place de Saint-Nicolas tout entière, de la caserne à l'entrée de la rue de Beffroy.

Les conducteurs de ces chariots présentaient des types ignobles. Ce sont presque tous des Bohémiens, gens sans feu ni lieu, qui parcourent encore de temps à autre nos campagnes, et qui les mettent au pillage en coupe réglée ; ils ne sont couverts que de haillons, de vêtements en lambeaux, pris le plus souvent aux morts sur le champ de bataille. Ce sont ces personnages ornés de barbes incultes, aux yeux hagards, à l'aspect d'une saleté repoussante, pour lesquels on nous réquisitionne et que nous logeons, la nuit, chez les particuliers, comme s'ils faisaient partie des troupes.

Le Conseil envoie un émissaire à Versailles, au Gouvernement français, pour avoir des instructions précises à ce sujet. En attendant, dès le lendemain, les Prussiens nous tyranisent tellement, qu'on exécute, quoique non votée, la partie des réquisitions concernant les trois jours de vivres spécialement affectés aux conducteurs de chariots.

Renseignements pris à bonne source, ces gens sont enrégimentés par des entrepreneurs civils, lesquels reçoivent une somme débattue, et se chargent, à leurs risques et périls, du transport des bagages de l'armée, aller et retour compris. Dans toutes les communes traversées, ils n'avaient donc droit, ni au logement, ni à aucune part de subsistance. La plupart, du reste, suivant leur coutume, couchaient dans leurs voitures, sous la toile grise qui les recouvre.

— 71 —

Cette réquisition, en faveur d'entreprises civiles sans lien avec l'armée, donne la mesure de la valeur, non-seulement morale, mais légale, d'une grande partie des autres réquisitions, dont le Conseil s'est épuisé à tant débattre la validité.

Le 15 mars, le Conseil recevait, en séance, les instructions du Ministre de l'Intérieur et du Ministre de la Guerre. Ils avertissent les communes qu'elles ne doivent aux prussiens que les impôts de l'Etat pouvant être perçus par lui-même, et que les contributions indirectes ne produisant rien, elles n'ont rien à verser pour ce chef. Dans le cas où elles paieraient, elles doivent, tout au moins, protester et envoyer les pièces à l'appui pour réclamer.

Un peu plus tard, on ajoute même au traité une convention additionnelle dont l'article 3 est le plus explicite et dont voici le sens : « Les troupes allemandes » s'abstiendront à l'avenir de prélever des contribu- » tions en argent, dans les territoires occupés. Les » impôts dus, non encore perçus, ne doivent pas être » touchés par l'autorité prussienne, mais par l'autorité » française. »

La fourberie, la menace, les promesses mensongères, tout avait été mis en jeu, pour nous forcer au paiement in extremis. L'audace la plus outrageante, de la part de l'autorité allemande, n'avait pas connu de bornes, et qu'arrive-t-il ? Au moment de nous quitter, le préfet prussien, par une dernière injure dépassant toutes les autres, nous adresse ses adieux, et en quels termes [1] !

---

[1] Proclamation du préfet prussien :

Habitants de l'Aube,

La paix a mis fin à la mission que Sa Majesté l'Empereur

A la date du 18 mars, il va partir, mais il ne veut pas reprendre le chemin de l'Allemagne sans remercier les habitants de Troyes de la confiance qu'ils lui ont accordée. Il finissait par ces mots : « De votre côté, » conservez-moi un bon souvenir. »

Une telle mystification a été accueillie par le public avec le mépris et l'indignation qu'elle méritait.

---

d'Allemagne a daigné me confier dans le département de l'Aube.

Je ne veux pas vous quitter sans prendre congé de vous, et sans vous remercier de la confiance que m'ont accordée tous ceux avec qui les affaires m'ont mis en rapport. Grâce à cette confiance, il m'a été possible de ne pas dévier de la voie que je m'étais tracée en arrivant ici. Je vous avais dit, alors, que j'étais désireux de concilier mes devoirs avec vos intérêts, et en partant, je puis vous certifier que je n'y ai jamais manqué.

Je remercie MM. les maires et les membres des Conseils municipaux du concours qu'ils ont bien voulu me prêter, dans l'intérêt de leurs administrés, ainsi que tous ceux qui m'ont témoigné leur bienveillance personnelle. Je me souviendrai toujours avec satisfaction des quatre mois que j'ai passés au milieu de vous, et je fais les vœux les plus sincères pour votre future prospérité. Conservez-moi, de votre côté, un bon souvenir.

Troyes, le 18 mars 1871.

Le Préfet,
Baron DE STEIN.

Chapitre II

PERSISTANCE DU RÉGIME DE VIOLENCE DES PRUSSIENS

Esprit peu sympathique au roi Guillaume parmi certaines troupes allemandes. — Retour du 3e bataillon de mobiles de l'Aube. — Reprise de plusieurs services.

Le retour des troupes prussiennes continuait. Le 20 mars, une partie de l'artillerie de la deuxième armée traversa les rues de la ville. Elle était remarquable ; il n'y avait pas une pièce sans un attelage de six chevaux. La supériorité de cette arme a été l'une des causes les plus puissantes de nos échecs.

Parmi les troupes de passage, se trouvent des Hessois qui ne dissimulent pas leur antipathie pour le roi Guillaume ; ils ne se battent contre nous que contraints et forcés, et le sort que nous subissons, ils l'ont subi comme nous. Ce langage peu sympathique à la Prusse a été tenu par un grand nombre de soldats, ce qui prouve combien les armées allemandes avaient peu de cohésion, et combien aussi leur dissolution eût été rapide, si nous avions obtenu, au début de la guerre, quelques succès.

Le 21 mars, les prussiens ont parcouru les principales rues de la ville avec leur musique, leurs fifres et leurs tambours. Le lendemain matin, ils annonçaient, à son de trompe, que, pour la fête du roi Guillaume, dont la date de naissance tombe le 22, le canon serait tiré de dix à onze heures. En effet, de cinq minutes en cinq minutes, on entend faiblement résonner le canon qui a été placé sur les hauteurs de Sainte-Maure, village voisin ; détonations sourdes n'arrivant pas plus perceptibles à notre oreille que celles des coups de canon de Paris entendus le 2 décembre dernier.

C'est dans le courant du mois de mars que le 3me bataillon de mobiles fit sa rentrée à Troyes. Quelques-uns d'entre eux avaient brûlé les étapes et devancé leurs camarades. Rendez-vous leur était donné ; on devait se réunir à la Trinité-Saint-Jacques, vers une heure et demie, le jour indiqué. Ce bataillon avait été fort éprouvé à l'affaire de Bagneux ; son commandant de Dampierre s'y était fait tuer en héros, à la tête de ses hommes, en prenant d'assaut une barricade élevée dans le village. Aussi les mobiles du 3me, en arrivant, furent-ils accueillis à bras ouverts par les camarades, par les pères et mères de ces jeunes gens si décimés pendant le siège. C'étaient des embrassements, des poignées de main, des exclamations joyeuses, en un mot une immense satisfaction. Puis, après l'expansion bruyante de la joie de se revoir, ce brave bataillon, avec un juste sentiment de fierté patriotique, se préparait à pénétrer dans la ville, en rang et sous les armes. Mais un ordre des Prussiens arrive qui leur enjoint de se licencier avant leur entrée en ville et de ne pas former de groupes.

Quelques jours après, rentraient également nos mobilisés, dits les vieux garçons, et les francs-tireurs de la compagnie Sourd, ainsi que ceux de la compagnie Senet.

Toute la jeunesse de la ville que le sort n'avait pas appelée sous les drapeaux s'était enrôlée dans les corps francs ou les compagnies de marche. Que de places vides dans nos bureaux, dans nos ateliers, dans nos magasins, dans nos intérieurs ! Une maison, sur quatre employés qu'elle comptait, en avait vu trois s'engager : l'un dans la compagnie Sourd, l'autre dans le 25me bataillon de chasseurs, et le troisième dans la compagnie Senet.

La compagnie Senet, dont ce dernier faisait partie, se trouvait dans l'armée de Bourbaki, qui s'était réfugiée en Suisse. Ce jeune homme ne tarissait pas en éloges sur l'accueil cordial que les Français avaient rencontré au milieu de ce peuple libre. Rendue plus virile par le mâle caractère de ses institutions, cette généreuse population est la première à nous tendre la main dans le malheur, et elle nous entoure de prévenances. Pour la France, la Suisse a été une véritable sœur en ces circonstances. Voici un fait à l'appui, qui prouve combien les deux nations sont sympathiques l'une à l'autre.

Le jeune franc-tireur fut si bien accueilli chez l'un des habitants, qu'à peine arrivé il semblait être de la famille. Il disait, au retour, à ses parents, que, par instants, il se faisait illusion et se croyait déjà revenu parmi eux. Son porte-monnaie était usé ; on s'en aperçoit, et le lendemain, un des jeunes enfants de la famille saute sur ses genoux, et le prie d'accepter un souvenir de lui ; c'était un porte-monnaie tout neuf. On se fait un échange de photographies, et quand fut venu le moment de la séparation, du départ pour la France, des boîtes de cigares lui furent offertes. Il s'était prononcé, dans le cours d'une conversation, comme républicain, et l'une des demoiselles de cette famille patriarcale, émue de son langage patriotique, montra toute sa satisfaction et l'encouragea dans ses sentiments. Comme gage de sa foi républicaine, elle lui passa au cou une cravate rouge, comme eût fait, au moyen âge, la dame de vos penséees, en vous ceignant de son écharpe.

Les dernières barricades élevées dans l'île de la Cité,

celles du quai des Comtes-de-Champagne entre autres, l'œuvre des prussiens, disparaissent. Chaque jour, quelque chose de la guerre s'en va, pour prendre un aspect plus pacifique.

Les divers services reprennent peu à peu leur fonctionnement, et avant de terminer cet ouvrage, il convient de rappeler ce qu'ils sont devenus dans les circonstances difficiles que nous venons de traverser, et de rendre hommage aux nombreux fonctionnaires ou agents dont le zèle et le dévouement se sont affirmés dans nos régions envahies.

Chapitre III

LES POSTES

Vote de remerciement du Conseil municipal, dans sa séance du 18 Avril, à l'Administration des Postes du département. — Exécution ponctuelle de la circulaire du Directeur général des Postes pour les départements menacés de l'invasion. — Tentatives d'établissement d'un service de correspondance avec Paris.— Recours de Paris à d'ingénieuses combinaisons : les ballons ; les réductions photographiques ; infructueux essais de transport des correspondances par la Seine ; emploi des pigeons. — Sommes d'argent adressées à des mobiles du siège par ce moyen. — Faits à la louange de divers employés.

Les Postes reprennent leur service régulier au grand jour et quittent leurs retraites clandestines. Le traité de paix conclu et approuvé, le directeur s'était entendu avec le commandant des étapes prussien, et lui avait fait signer l'autorisation de la reprise du service français, sans aucune réserve.

Ce fut un soulagement général de revoir les facteurs, revêtus de leurs uniformes et porteurs de leurs boîtes, circuler librement dans les rues ; la vie publique reprenait, par ce fait, l'un de ses organes les plus puissants et les plus chers à une Cité.

Le service de la poste, pour n'avoir pas été apparent, n'en avait pas moins fonctionné autant que les circonstances le lui avaient permis ; il fut même d'un grand secours.

Le 18 avril, par une délibération consignée au procès-verbal de la séance, le Conseil municipal votait des remerciements à l'administration des postes du département qui était parvenue, par d'intelligentes mesures, à continuer son service pendant les cinq longs mois de notre invasion.

En effet, la prudence et le courage que la plupart des employés et agents de la poste ont montré dans ces circonstances délicates, difficiles et compromettantes pour leur liberté et leur vie même, méritent bien une citation. Je regrette de ne pouvoir lui donner l'étendue qu'elle comporte.

Conformément aux prescriptions d'une circulaire du directeur général des postes partie de Tours, dans le courant de septembre, le directeur des postes de l'Aube, M. Poinsot, avait pris immédiatement ses dispositions pour se relier avec les départements voisins, isolés par la suspension des chemins de fer.

C'est ainsi qu'il avait essayé de faire pénétrer dans Paris deux facteurs ruraux, tous deux anciens sous-officiers connaissant parfaitement les forts où ils avaient été casernés.

L'essai était resté sans succès ; en dépit de leur courageux dévouement, ces agents n'avaient pu traverser les lignes ennemies.

Il fit en sorte également, selon ces mêmes prescriptions, qu'à l'approche de l'ennemi tous les bureaux de poste fussent fermés, les boîtes enlevées, les écritures arrêtées, et le numéraire, ainsi que les valeurs en caisse, mis en sûreté. Quand les Prussiens sont arrivés, ils n'ont trouvé ni lettres, ni argent, ni valeurs, ni livres de comptabilité, après avoir fouillé partout.

Puis le service clandestin a été organisé et a succédé sans interruption au service public forcément supprimé. Son fonctionnement avait donc commencé dès le lendemain de l'occupation.

Voici les principales mesures prises :

Tous les courriers à destination des départements voisins devaient partir de Troyes comme point central.

Une maison inhabitée, présentant l'avantage de plusieurs sorties, sise au commencement de la rue de la Paix, quartier excentrique, fut choisie pour l'installation du service du départ et de l'arrivée des correspondances.

Le tri général effectué pour Troyes et la banlieue, les facteurs sans uniforme, en blouse ou en tenue bourgeoise distribuaient les lettres de leur quartier; ils recevaient celles à expédier, ou on les portait à leur domicile ; ils étaient autorisés même à recevoir des sommes d'argent, à envoyer sous forme de mandats. Ils se sont comportés avec une telle discrétion qu'aucun soupçon n'a jamais été éveillé.

Quant aux correspondances du dehors, on avait à courir plus de danger à les transporter, et le premier venu n'était pas apte à remplir une telle mission. Fort heureusement qu'en outre des sujets distingués que comptait le personnel des postes, il s'est rencontré un homme versé, depuis longtemps déjà, dans le service des messageries et des transports de voyageurs, M. Coutin.

Tout le monde connaît, à Troyes, cet entrepreneur de messageries, en relations suivies avec le commerce, qui fait le camionnage de presque toute la place. Au premier moment de nos désastres, il va trouver le directeur des postes, et lui dit, qu'en présence du chômage de ses voitures, nécessité par les circonstances, il est dans l'intention de vendre tous ses chevaux. Le directeur l'en dissuade, en faisant ressortir, d'un côté, l'énorme perte qui en résulterait pour lui, et de l'autre, les avantages, au contraire, qu'il pourrait espérer, malgré les risques à courir, en les conservant et en les mettant à la disposition de la poste.

M. Coutin se rangea à cet avis ; la poste et lui-même en ont tiré grand profit.

Par tous les temps, et malgré de nombreux obstacles, le transport des correspondances et des voyageurs n'a pas cessé pour ainsi dire, un seul jour. Avec des malles à double fond, et des planchers doubles vissés, on est parvenu à dévoyer l'inquisition prussienne.

Pour Paris étreint dans un cercle de fer, il n'en était pas de même ; les difficultés des communications semblaient insurmontables. On avait bien la ressource des ballons ; mais une fois sortis de l'enceinte, ils n'y pouvaient plus rentrer. On donnait des nouvelles, mais on n'en recevait pas.

Les assiégés, dans le but de faire cesser leur isolement de la province, usèrent des procédés les plus ingénieux.

On eut recours entr'autres au moyen suivant :

On envoyait de la capitale, par ballon, en province, des sphères creuses qui, remplies de correspondances et confiées ensuite aux eaux de la Seine devaient rentrer dans la ville assiégée.

Ces sphères de zinc avec une double enveloppe ménageant un vide en rapport avec la pesanteur nécessaire, ayant un diamètre de 20 centimètres, armées à chacun de leurs côtés d'ailettes mobiles propres à favoriser leur marche, s'ouvraient par le milieu, et les lettres dans leur forme ordinaire, y étaient déposées. Ensuite, les deux moitiés de ces sphères étaient resoudées, et on les confiait ainsi au cours de la Seine. Flottant entre deux eaux, elles devaient échapper aux regards, et pénétrer incognito au milieu des murs.

Mais l'ennemi avait devancé notre idée ; n'écoutant que ses soupçons, et à tout hasard, il avait tendu des filets dans la largeur du fleuve, en plusieurs points. Peu de ces messagers flottants échappaient aux mailles de ces réseaux multiples où s'engloutissaient tant de missives de la province, tant de trésors d'affection à l'adresse des glorieux habitants de Paris et des braves soldats de son armée.

On songea à l'intermédiaire des pigeons. On se souvint des services rendus par ces volatiles légendaires, à des villes, à des États, en Belgique, à Venise, où ils ont droit de cité, et sont entourés d'un respect religieux de la part des habitants. Leur histoire, bien connue de tous, compte une page de plus à leur louange, comme messagers fidèles, durant cette guerre néfaste.

Un ballon monté par M. Meyer, photographe, accompagné de son aide, et par M. d'Almeida chargé d'une mission du Gouvernement partit de Paris le.... Il transportait des appareils photographiques et une cage volumineuse garnie de pigeons. Poussé par un vent du nord-ouest, l'aérostat passe au-dessus des armées ennemies, sans accident, et vient tomber dans notre département, près de Plancy qui n'avait pas encore été occupé.

Après avoir reçu de M. Petit, maire de cette ville,

un parfait accueil, l'équipage vient à Troyes trouver le directeur des postes, à l'effet de se concerter avec lui sur les mesures à prendre. Le directeur donne aux voyageurs les témoignages du plus grand intérêt, fait charger sur une diligence la cage renfermant les pigeons ainsi que les appareils photographiques et trace au conducteur son itinéraire ; il doit se rendre à Tonnerre, Clamecy, Nevers et Moulins par Chaource, route moins courue que celle de Saint-Florentin.

A Tonnerre, la voiture sur laquelle se trouvaient les appareils et les pigeons fut arrêtée par un détachement de Prussiens. Le conducteur, qui craignait d'être dénoncé à tout moment par le bruit des pigeons s'ébattant dans leur cage et de voir ensuite visiter sa voiture, se croyait déjà perdu, quand survint un contre ordre pressant, enjoignant à la petite troupe de rejoindre à la hâte. La précieuse voiture put donc poursuivre sa route et arriver, sans accident nouveau, jusqu'à Moulins, hors des atteintes de l'ennemi.

A l'abri de toute inquiétude maintenant, les photographes qui avaient gagné Moulins par une autre voie s'installèrent. Les correspondances pour Paris leur étaient envoyées ouvertes de Troyes par le directeur, au moyen d'un service spécial de voitures tenu par M. Coutin.

Les lettres soumises à l'appareil photographique étaient reproduites, en caractères microscopiques, sur un papier spécial, qu'après plusieurs expériences on a enfermé dans un tuyau de plume qui se fixait à la plume la plus forte de la queue des pigeons. Ceux-ci remplissaient en conscience leur rôle de messagers, à moins qu'ils ne fussent arrêtés en route par le plomb fatalement meurtrier.

A Paris, les dépêches étaient amplifiées par un appareil spécial, recopiées et réexpédiées aux destinataires.

On a pu faire passer ainsi, à des personnes enfermées dans la capitale, des sommes d'argent. Un propriétaire nommé Masson, de Laubressel près Troyes, dont le fils se trouvait dans le bataillon de mobiles de l'Aube à Paris, et qui voulait apporter quelque adoucissement à sa vie de privation, remit cent francs à la poste clandestine, et cette somme parvint au jeune homme, grâce au procédé photographique, par l'intermédiaire des pigeons.

Un service de correspondance avait aussi été organisé par les soins de la direction et par les moyens ordinaires, entre l'Aube et la Marne, département occupé depuis le mois de septembre. M. de Chandon, à la tête d'une maison de vin de Champagne considérable, avait exprimé plusieurs fois au directeur de Troyes le désir de voir ses correspondances transmises par les bureaux de l'Aube, département non-occupé encore. Le directeur s'y prêta de bonne grâce, mais à la condition qu'on lui apporterait les paquets de la Marne à Salons, village de l'Aube, limitrophe de la Marne, et assez rapproché de Plancy.

Les démarches faites à ce propos réussirent, et les correspondances de la Marne purent être échangées avec celles du bureau principal de l'Aube, au moyen de piétons, durant tout le temps de l'occupation à Troyes.

Au nombre des courriers convoyeurs qui ont joué un rôle actif dans ces périlleuses et pénibles opérations se trouvait un nommé Hutin, d'un caractère aventureux et résolu. Il avait été chargé de prendre les ordres du préfet de l'Aube, M. Lignier, qui s'était retiré à Auxerre, lors de l'arrivée des Prussiens à Troyes. A Auxerre, le préfet recevait plus facilement les communications de la délégation de Tours, et à chaque voyage des courriers, il transmettait, par ces derniers, ses instructions à Troyes. Aussi le départ des mobilisés qui n'avaient pas suivi le général, le capitaine de vaisseau Lafon, put-il s'effectuer, malgré la présence de l'ennemi.

Les commissions, délivrées par le Ministre et transmises par le Préfet, purent également être remises aux officiers des francs-tireurs. Mais cette mission offrait de grandes difficultés ; Hutin fut plusieurs fois arrêté, et un jour entre autres sur le point d'être fusillé. Il montra tant de sang-froid, il simula tant d'indifférence, indifférence qu'il était loin d'éprouver, il prit des airs de bonhomme tels qu'il désarma les Prussiens, et leur enleva tout soupçon.

Hutin, pris de refroidissement dans l'une de ces dernières missions, est décédé quelques jours après. Ses chefs n'eurent pas la satisfaction de le récompenser des succès inespérés que lui avaient valu son énergie et son imperturbable fermeté de caractère.

Un receveur des postes de Romilly-sur-Seine, M. Estorges, avait pour mission de faire passer les lettres dans les localités de la Marne, voisines de la limite de notre département de ce côté. Il a déployé dans l'exécution de cette tâche qu'il a remplie le plus souvent lui-même, comme simple courrier, une audace et un courage au-dessus de tout éloge. Plusieurs fois poursuivi par les prussiens, M. Estorges est toujours parvenu à leur échapper. On se rappelle les froids excessifs qui ont régné dans ce funeste hiver ; lors de l'une de ses excursions périlleuses, M. Estorges fut saisi d'un refroidissement ; la petite vérole noire se déclara, et l'emporta en quatre jours. Il laissait une veuve et trois jeunes enfants. Dans le terrible malheur qui frappait cette famille, on put apporter un faible allègement à sa douloureuse situation ; la recette de Dienville fut presqu'immédiatement donnée à la veuve.

Sur la fin de décembre, un des courriers qui suivait l'une des directions les plus importantes, se trouva bloqué, au delà d'Auxerre, au milieu des troupes prussiennes qui tenaient le pays. M. Coutin, à la première demande de M. le Directeur, se mit en route à la recherche de ce courrier ; il dut, la nuit, prendre les traverses, contourner Auxerre occupé, et il finit par retrouver le courrier qu'il ramena, avec une quantité considérable de dépêches, après quinze heures de fatigues et d'inquiétudes indescriptibles.

Après la guerre, M. Coutin ne fut pas oublié. Parmi les récompenses qui furent distribuées, celle que M. le Directeur des postes avait demandée pour lui au Gouvernement, la deuxième médaille d'argent, lui fut accordée comme maître de postes.

Combien d'employés et d'agents des postes ont accompli leur devoir avec la plus grande distinction. La plupart ont reçu des récompenses, et mériteraient d'être signalés ici. Mais la nomenclature en serait longue, et les bornes imposées à ce travail ne m'en donnent pas la place ; en voici seulement quelques-uns :

M. Moreau, entreposeur, chargé de l'expédition des courriers sur les divers points du département, a fait preuve d'une grande prudence et s'est tiré, par sa résolution, de pas difficiles.

M. Michau, agent résidant à Troyes, près du Marché-Couvert, recevait chaque jour une grande quantité de dépêches, et même des sommes d'argent, en raison de son voisinage du Marché et de la boutique d'épicerie que tenait sa femme. Assez souvent, il triait les lettres à son domicile, passant des nuits à ce travail, et les remettait aux distributeurs de chaque quartier.

Ces deux derniers employés figurent parmi les médaillés du service des postes.

Le service des affranchissements et des articles d'argent, vu le danger de surprises qu'il courait, n'était pas établi à poste fixe ; il se mobilisait, c'est-à-dire qu'il avait lieu la nuit dans les caves, tantôt dans une maison, tantôt dans une autre, selon la sécurité qu'on y trouvait. Ces affranchissements et articles d'argent, à l'adresse des maisons de commerce, et principalement de nos pauvres soldats, mobiles et mobilisés, se sont élevés à quarante mille francs pour la recette de Troyes seulement, et à quatre-vingt mille francs pour les autres bureaux du département, soit au total cent vingt mille francs pendant les cinq mois de notre occupation, chiffre aussi important que dans les temps ordinaires.

M. Duparcq, receveur principal, a pris une large part à la bonne organisation du service, ainsi que M. Coutant, inspecteur. Ce dernier a payé de sa personne d'une façon exceptionnelle ; son activité a été remarquable.

Il était nécessaire, dans de pareils moments, d'encourager le personnel par l'exemple et de maintenir partout l'unité d'action indispensable au fonctionnement d'un service aussi délicat et aussi étendu. Muni, comme voyageur de commerce, d'un passeport délivré par la Préfecture prussienne, il s'est transporté sur tous les points les plus éloignés du département où sa présence pouvait être le plus utile, et il y a opéré la vérification de la comptabilité avec le plus grand soin. Aussi a-t-il obtenu, en 1872, une augmentation de traitement.

Les receveurs des bureaux de chefs-lieux d'arrondissement ont tous rivalisé de zèle et de dévouement, et n'ont pas eu un instant de défaillance.

Je me suis développé un peu longuement sur ce sujet, parce que, de tous les services publics, c'est le seul qui soit resté debout à cette époque si violemment opprimée, parce que de nombreux actes de courage et d'abnégation s'y sont produits. Le nombre en est tel qu'il n'était pas possible de les relater tous; je n'en ai donc cité que quelques-uns.

Ce qui résume l'importance relative de cette partie de notre histoire locale, ce sont les chiffres des recettes effectives et des dépêches envoyées : soit 120,000 fr., affranchissements et articles d'argent pour tout le département, et trente à quarante mille dépêches par jour recueillies de tous les points du département et même des départements voisins, parties, toutes, du bureau principal de Troyes.

Il faut le dire, sans que cela puisse effacer en rien le mérite de la situation acquise : ce qui a le plus facilité le service de nos correspondances françaises, c'est le service des correspondances allemandes qui nous a été imposé. Les courriers, munis de sauf-conduits prussiens, voyageaient donc librement ; et, à l'aide de précautions, nos dépêches circulaient, pour ainsi dire, sous le couvert des dépêches allemandes, et côte à côte. Compensation des services rendus à l'ennemi par ses propres victimes.

Cette compensation n'était pas exempte de toute grave conséquence.

Le courrier de Nogent-sur-Seine, chargé un jour, par la Commandantur, de l'envoi d'une somme d'argent à l'adresse du détachement qui occupait cette dernière ville, avait remis la somme au destinataire et n'en avait pas tiré de reçu. L'autorité allemande menaça la municipalité de la frapper d'une imposition de 300,000 francs, si, dans les vingt-quatre heures, le récépissé n'était pas entre ses mains. Un express partit dans la nuit et le rapporta le lendemain; mais quelle responsabilité pour la ville! la responsabilité des risques de guerre, au milieu même des belligérants! Étrange et nouvelle iniquité de la part des prussiens; importante à noter.

Chapitre IV

LES CHEMINS DE FER DE L'EST — LIGNE DE MULHOUSE

Matériel de la ligne de Mulhouse concentré à Troyes, replié et mis à l'abri de toute atteinte des prussiens. — Transport considérable de nos troupes à la frontière, par Troyes, et à l'aide d'une seule voie. — Chemins de fer, nouvel élément de combat. — Le 26 août, apparition d'une centaine de uhlans à la gare de Payns; le train n° 32, venant de Troyes, contenant 500 voyageurs, attaqué; le mécanicien évite les coups de fusil et, renversant la vapeur, rentre en gare sans accident; reconnaissance par l'Inspecteur principal jusqu'à Payns dans l'après-midi du jour même; le médecin Bédor couché en joue. — M. Brabant, ingénieur principal de la ligne, et un Lieutenant-Colonel partent machine en arrière pour aller couper le pont de Bernières, près de Nogent-sur-Seine; voiture broyée, M. Brabant et le Lieutenant-Colonel du Génie sont tués. — Première sortie, en reconnaissance, de la compagnie des francs-tireurs de Troyes dans la forêt de la Traconne et dans les environs de Sézanne.

Le service des chemins de fer de notre région avait été suspendu, pris et repris plusieurs fois, et toujours l'administration avait su faire replier son matériel à temps, de manière à ne rien laisser entre les mains de l'ennemi, pas même une roue de wagon.

Si les postes s'étaient distinguées, les chemins de fer de notre circonscription avaient également bien mérité de notre Cité. Sans la prévoyance des employés supérieurs, nous aurions été envahis bien plus tôt, et bien plus tôt aussi également notre gare eût été une gare prussienne exploitée à notre plus grand dommage par l'ennemi.

Les lignes du chemin de fer de l'Est ont, toutes, plus ou moins pris part à l'action militaire ; mais la plus lourde charge a pesé sur la ligne de Strasbourg et celle de Mulhouse. Cent cinquante mille hommes ont été transportés de Paris à la frontière par ces dernières, du samedi 16 juillet au vendredi suivant, avec armes et bagages, munitions et approvisionnements.

On avait emprunté à la Compagnie d'Orléans cinq à six cents voitures ; mais le personnel et le matériel appartenaient exclusivement à la Compagnie de l'Est. Toutes les cinquante-cinq minutes, un train partait contenant mille hommes qui ne mettaient qu'un quart-d'heure pour embarquer.

Par la ligne de Mulhouse, entre Chaumont et Troyes, il n'y avait encore qu'une seule voie. C'est seulement en 1876 que la deuxième a été construite. Aussi, au milieu de la précipitation des évènements, les plus graves accidents étaient-ils à redouter. Heureusement, aucun ne s'est produit, et cependant le transport des troupes n'a pas été moindre que sur la ligne de Strasbourg ; mais le personnel est resté, pendant tout ce temps, sur le qui-vive.

Tout en remettant en train l'exploitation à deux reprises différentes, en butte aux surprises des prussiens, la Compagnie a su s'en garer et ne rien laisser tomber entre leurs mains, ni voitures, ni locomotives, pas une parcelle de son matériel. Lorsque le service français a été supprimé, et que nous en avons été privés, il n'a pas repris son activité au profit du roi de Prusse. Il a fallu que ce dernier fît venir d'Allemagne des wagons et des voitures, ainsi que le personnel nécessaire pour les faire marcher. Notre chef de gare avait été sommé de conserver son poste ; il a résisté à toutes les menaces, et s'est dérobé.

Le 27 août, tout le matériel des gares, entre Langres et Montereau, avait été dirigé sur Châtillon, pour, delà, gagner par Dijon la Suisse et le Midi. Dans toutes ces gares, comme dans celle de Troyes, les prussiens n'ont trouvé à leur arrivée que le vide le plus absolu ; et ce mouvement de retraite générale, si habilement exécuté, s'est reproduit une seconde fois, avec le même succès.

Le 3 octobre, l'ennemi se bornant à occuper les départements voisins, en raison des difficultés de sa situation et des nécessités de son plan stratégique, l'administration avait pu faire revenir son matériel et réinstaller le service. Mais, le 20 octobre, on dut prudemment évacuer la gare de nouveau, et, comme la première fois, la Suisse et le Midi servirent de refuge à l'intégralité du matériel.

On ne peut se défendre d'un sentiment de fierté patriotique, à ce spectacle d'une administration qui, malgré la pesanteur et la complication de son immense mobilier, exécute, avec tant de prestesse et d'audace, ses mouvements stratégiques, et brave, en quelque sorte, toutes les surprises d'un ennemi formidable comme nombre, en lui échappant corps et biens.

Ce n'est que le 9 novembre, au premier moment de l'occupation de Troyes, que les prussiens se sont emparés de la gare. Par suite des manœuvres citées plus haut, ils ont rencontré les plus grandes difficultés pour organiser le transport de leurs approvisionnements.

On se rappelle aussi que, sur la fin du mois d'août, on avait fait sauter les ponts de Saint-Julien, ce qui fermait l'accès de notre ville par Mulhouse et Chaumont; le pont de Fouchères également, et qui nous garantissait du côté de Châtillon relié par un embranchement à Chaumont. Celui de Clairvaux n'avait pas été épargné, non plus que le pont de Bernières.

C'était faire obstacle à la marche des Prussiens que de leur arracher des mains ce puissant outillage de locomotion qui semblait s'offrir à eux ; c'était paralyser leurs mouvements que de se résigner courageusement à la destruction d'ouvrages, de ponts, de viaducs, de fils télégraphiques, si précieux pourtant. Si nous n'avions pas poussé jusque-là la rage de la destruction, selon l'expression allemande, nous n'aurions pas résisté longtemps à l'irruption des masses allemandes; pour notre département, pour notre Cité, nous eussions été certainement envahis deux mois plus tôt.

Le chemin de fer est un nouveau facteur du problème dans la lutte entre belligérants. On combat fructueusement l'ennemi en le mettant dans l'impuissance d'utiliser les lignes ferrées, et il est incontestable qu'à Troyes nous avons obtenu ce résultat pendant plus de deux mois.

Sauf ce dernier mérite, aucun fait de guerre à noter n'a signalé notre gare. Il y a bien eu quelques apparitions de uhlans sur plusieurs points de la ligne, entre Troyes et Méry, mais ils n'ont fait que paraître et disparaître.

Ainsi, à la date du 26 août, au matin, un détachement, composé d'une centaine de uhlans, se jette à l'improviste sur la gare de Payns, coupe la voie, brise les fils télégraphiques, mutile et casse, à coups de marteau, le mécanisme de deux machines qui se trouvaient en gare, et s'informe, près des gens du pays, si Mac-Mahon, avec son corps d'armée, n'est point passé. Ces éclaireurs n'ont qu'une préoccupation, en répétant à chacun des habitants : « Mac-Mahonn, où est Mac-Mahonn? » C'est de savoir l'itinéraire qu'il suit.

Ils entendent le bruit d'un train qui venait de Troyes; c'est le train n° 32, qui contenait environ cinq cents voyageurs. Les uhlans se postent des deux côtés de la voie, et font feu sur le mécanicien qui, après avoir évité les coups de la fusillade en se baissant derrière les parapets en fer de la locomotive, montre la plus grande énergie et le plus remarquable sang-froid, renverse tout-à-coup la vapeur, rétrograde, et revient en ville sans autre mésaventure.

L'Inspecteur principal, en apprenant l'évènement, se hâte, dans l'après-midi du jour même, de diriger une reconnaissance jusqu'à Payns, dont les environs semblent infestés de prussiens. Armé d'un chassepot et d'un revolver, il part sur un train spécial formé d'une seule locomotive; le préfet, le maire et un conseiller d'Etat montent sur la machine et l'accompagnent volontairement. La voie étant coupée, le train est forcé de s'arrêter à une distance de la gare de Payns assez grande pour qu'on ne distingue pas si la foule qui encombre la gare est composée de prussiens ou de français.

A l'instant où la machine s'était arrêtée, un cavalier armé, d'apparence et d'allures militaires, avec bottes à l'écuyère, se dirige à fond de train de son côté. L'inspecteur principal, croyant avoir à faire aux prussiens, au mouvement du cavalier qui arrivait droit sur le train, l'ajuste, et se prépare à tirer. A peine avait-il posé le doigt sur la gâchette, qu'il reconnaît que ce cavalier n'est pas un soldat prussien, mais un civil, un français. C'était le médecin Bédor, qui, sur le bruit d'une descente des uhlans dans ces parages, s'y était porté spontanément, comme éclaireur. L'inspecteur abaissa bien vite son arme et continua sa mission.

Il apprend que les Prussiens sont déjà partis, rappelés précipitamment pour rejoindre l'armée allemande; nous étions, en effet, à la veille de l'affaire de Sedan.

Deux machines hors de service avaient été renversées hors de la voie et brisées à coups de marteau, les rails enlevés sur une longueur de cent mètres, et les poteaux télégraphiques abattus. De plus, au milieu de cette ardeur effrénée de destruction, les uhlans se sont livrés au pillage, ils avaient volé 180 francs au chef de gare, auquel le commandant, du reste, les fit restituer en partant.

Les mesures nécessaires sont prises immédiatement pour rétablir, sous la protection des gardes nationaux, et cette nuit même, les rails de la ligne que les prussiens avaient saccagée avant de quitter le pays. C'est dans ces circonstances qu'on a fait replier tout le matériel de la gare; mais, auparavant, on avait songé à couper le pont de Bernières, entre Marnay et Nogent-sur-Seine.

Le 27 août, l'ingénieur en chef résidant à Troyes, M. Brabant, et un lieutenant-colonel du génie, accompagnés d'une dizaine de sapeurs du génie du 3e bataillon, partent de Troyes, avec une locomotive et une voiture à bestiaux, où sont pratiquées des meurtrières. Arrivés à Payns, ils sont forcés de prendre la voie descendante; la voie montante, détruite la veille, n'avait pu être rétablie; le train est rencontré en aval de Pont-sur-Seine par une locomotive lancée à toute vapeur, partie de Paris en reconnaissance, allant de Flamboin dans la direction de Troyes. La voiture qu'on avait placée en avant pour permettre aux soldats de tirer, en cas d'attaque, prise entre deux machines en plein feu fut broyée. Six sapeurs du génie sont grièvement blessés et le lieutenant-colonel du génie, ainsi que l'ingénieur en chef, M. Brabant, sont tués sur le coup, victimes du devoir, dans l'accomplissement de leur mission.

Les deux locomotives, quoique marchant en sens inverse, avaient pris la même voie, et cependant il est rigoureusement prescrit de suivre la voie montante ou la voie descendante, selon la diversité de la direction; mais, par fatalité, la locomotive de M. Brabant, qui avait pris la bonne voie en partant, avait été contrainte de la quitter à Payns, par le motif signalé plus haut, et de suivre alors la voie unique, la voie descendante.

Honorable, mais bien lamentable fin pour cet homme de mérite, si justement apprécié de tous ses collègues et concitoyens, et dont le nom ne sera pas oublié.

En face de ces incursions des uhlans, qui mettaient nos campagnes au pillage, sous le nom de réquisitions, le préfet de l'Aube s'était adressé à M. Lefebvre, capitaine d'une compagnie de francs-tireurs qui s'était formée depuis quelque temps; il l'avait prié d'effectuer, avec des hommes de sa compagnie, une reconnaissance du côté de Romilly-sur-Seine, pour en éloigner les réquisitionnaires allemands.

Dès le commencement des hostilités, l'utilité des corps-francs, en vue d'une guerre de partisans, était tout indiquée. Comme nous l'avons vu au chapitre relatif aux francs-tireurs, quelque temps après, plusieurs compagnies de ce genre se sont organisées et ont vigoureusement agi; mais il en était à peine question à ce moment, et cette sortie d'une fraction des francs-tireurs de Troyes a été le premier acte de ces corps spéciaux dans notre département. Vingt hommes de la compagnie, commandés par M. Lefebvre, ont parcouru en divers points la forêt de la Traconne, près de Romilly, se sont rendus dans la direction de Sézanne, et, sans avoir eu d'engagements, ont pu saisir plusieurs réquisitions destinées à un centre prussien établi à Vitry-le-Français.

La guerre aux vivres, aux convois de ravitaillement de l'armée allemande, devait être d'un puissant effet, si elle eût été généralisée et organisée dans la mesure du possible. Cette première tentative, quoique sans grands résultats, le démontre suffisamment.

Chapitre V

ÉVACUATION DE LA VILLE

Installation d'un Préfet français. — Le 28 Mars, la Ville, placée sur le côté gauche de la Seine, devait être évacuée d'après les clauses du traité. — Discussion avec l'autorité prussienne, qui prétend que Troyes n'est situé ni à gauche, ni à droite, mais au milieu. — Les prussiens réclament des fours pour cuire le pain de leurs troupes; n'en obtenant pas, ils violent un domicile privé, l'établissement de la Société coopérative de boulangerie, rue Grande-Tannerie, et s'emparent de ses fours; le Préfet français se déclare impuissant à faire respecter le droit. — Bilan de la situation. — Visite à M. Jules Favre, Ministre des Affaires étrangères, de la Commission chargée par le Conseil de revendiquer auprès du Gouvernement l'évacuation de la Ville. — Le 12 Août, départ des prussiens à six heures du matin. — Incident du dispensaire; attitude du docteur Bacquias soutenu par le Maire, M. Buxtorf; incarcération de M. Buxtorf. — Troyes ainsi que le département de l'Aube, restés à hauteur de leur patriotisme traditionnel, quoiqu'ils aient dû se résigner à un rôle modeste, par l'effet des circonstances, dans l'œuvre de la défense.

Un préfet français, M. Jacques de Tracy, s'installe à la préfecture et reçoit les autorités.

Encore entourés de prussiens, nous comptons sur l'intervention du fonctionnaire venant représenter le Gouvernement français pour combattre les prétentions exorbitantes d'un oppresseur toujours insatiable; nous le considérions donc, avec satisfaction, comme une résistance à opposer à l'ennemi, et nous espérions voir la fin des exactions.

Dans sa réception, il ne parle que d'efforts énergiques à opposer à l'insurrection. En effet, l'insurrection régnait en souveraine à Paris. L'Assemblée nationale, qui s'est transportée de Bordeaux à Versailles, veut, pour se faire garder, former une troupe composée de gardes nationaux mobiles pris, par fractions, dans chaque département. C'est là la première préoccupation de M. de Tracy.

Mais la question qui passionnait au plus haut point la population n'est pas celle-là, c'est celle de l'évacuation de la ville par les prussiens, évacuation qui devait être effectuée le 28 mars. Le 28, il n'y avait rien de changé. Nous sommes cependant sur la rive gauche de la Seine, et le traité porte que le territoire situé sur la droite restera seul occupé.

Les autorités allemandes arrangent à leur gré la géographie de notre pays, et, pour le besoin de leur cause, ils ne reconnaissent la Seine que dans l'eau bourbeuse des petits traversins qui sillonnent la ville du sud-ouest au nord-est.

Mais, tout le monde le sait, ce n'est là qu'une œuvre artificielle due aux Thibault, comtes de Champagne, une œuvre de dérivation. Nous tous, riverains contribuables du syndicat, petits ou grands, nous payons assez cher pour savoir que la Seine, en venant à nous et en restant au milieu de nous, n'a cédé qu'à la force. Elle aurait bien vite regagné son lit, si les digues n'opposaient pas à ses eaux leur épais massif.

La Seine, qui baignait nos murs, au temps de nos fortifications, suit un parcours de plus de quatre kilomètres de canaux, surélévée à 1^m 5o au-dessus du niveau réel du sol ; c'est un fleuve suspendu dont le lit, les bords, le niveau, sont artificiels. Que, par malheur, une de ces murailles de sable qui emprisonnent le cours d'eau, vienne à se miner et à fléchir dans un seul endroit, nous verrions avec quelle impétuosité, avec quelles ruines sur leur passage, ces eaux iraient se réunir au premier bras de la Seine, son lit primitif, et le seul cours original du fleuve qu'on appelle, par dérision sans doute, la Bâtarde.

La Seine historique, topographique, géographique, ne coule donc pas, de sa pente naturelle, dans l'enceinte, mais hors de l'enceinte de la ville et à deux kilomètres de distance. Elle suit normalement la déclivité la plus basse de la vallée, tombe à droite de l'ancien domaine de Foicy, traverse la route de St-Parres à mi-chemin, et gagne le Pont-Hubert en touchant à peine la dernière limite de la commune de Troyes.

Nous en sommes réduits à cette extrémité d'avoir à discuter l'évidence avec les prussiens.

Après plusieurs démarches sans succès de la part de nos députés, et d'ajournements en ajournements, nous en étions à désespérer de notre libération. Mais lorsque la pacification de Paris devient un fait accompli, le Conseil décide, le 10 juillet, qu'une Commission composée de MM. Henry, maire, Hippolyte Douine, adjoint, et Louis Saussier, membre du Conseil, se rendrait à Versailles et demanderait au Gouvernement, en vertu du traité de paix signé par la Prusse et la France, l'évacuation par les prussiens du territoire de la ville situé tout entier sur la rive gauche de la Seine. Cette Commission, accompagnée de l'un de nos députés, M. Parigot, a été très cordialement reçue, le 17 juillet, par Jules Favre, ministre des affaires étrangères. Mais, comme nous le verrons plus tard, c'est seulement le 12 août que la clause si formelle de notre droit à la libération a été mise à exécution.

La gare de Troyes est, sans contredit possible, sur la rive gauche de la Seine; les prussiens n'en revendiquent pas moins l'occupation, cette fois pour cette seule raison qu'elle leur est nécessaire, toujours la raison du plus fort.

Les allemands ne s'en tiennent pas là de leurs prétentions; ils ont besoin de fours pour cuire leur pain: c'est encore la ville qui doit les leur fournir gratuitement. La ville refuse à bon droit. Que font-ils? Une Société coopérative de boulangerie existait, rue Grande-Tannerie; ils forcent les portes, et s'emparent des fours. Procès-verbal est dressé par le commissaire central, et l'affaire est présentée au préfet, qui en renvoie la solution au Gouvernement. Il engage cependant la Société à réclamer des dommages et intérêts; mais celle-ci répond que son fonctionnement est arrêté et, par suite, la Société ruinée. Le préfet avoue alors qu'il n'est pas le maître, et que force ne reste pas à la loi.

A partir du 1ᵉʳ avril, la nourriture des prussiens n'était plus à notre charge, mais aux soins de l'intendance allemande.

La Banque de France avait repris le cours de ses opérations, la Caisse d'épargnes recommençait à fonctionner. Les ateliers de fabrication reprenaient peu à peu leur activité; aussi, les chantiers municipaux et le bureau de bienfaisance n'accueillent-ils plus de nouvelles demandes de secours. Chaque jour, par l'effet de la reprise du travail, s'opéraient des radiations successives sur le tableau des personnes secourues.

Dans le courant de juin avait eu lieu l'installation d'une nouvelle administration municipale.

Le 29 juin, les chantiers municipaux sont licenciés; le licenciement avait été préparé par des réductions de personnel graduées. Les bureaux de secours sont fermés également.

Le moment était venu d'établir le bilan de la situation, à la fin de cette époque si bouleversée. Tout compte fait, le total des impôts, réquisitions et dommages régulièrement constatés s'élevait, en juillet, à la somme de 2,318,444 francs, chiffre énorme de découvert qui pèsera longtemps encore sur la Cité et ses habitants. En réquisitions seulement, il y avait pour 824,585 francs.

Lorsque les communications avec le Gouvernement devinrent plus faciles, à la suite de la pacification de Paris, le Conseil municipal songea de nouveau à s'affranchir de cette lourde chaîne de l'invasion qui entravait la Cité dans ses mouvements depuis un si grand laps de temps. Il n'y avait plus, dans tout le département, que Troyes d'occupé par les prussiens.

Chargée par le Conseil de revendiquer, auprès du Gouvernement, l'évacuation de la ville, la Commission dont nous avons parlé plus haut était arrivée le 17 juillet à Versailles. Accompagnée de M. Parigot, ancien maire et député alors, elle s'est rendue au Ministère des affaires étrangères.

Après avoir entendu sa requête, M. Jules Favre lui répondit avec bienveillance, mais sans se prononcer toutefois. Cependant, en lui parlant assez longuement de M. de Manteuffel, le chargé d'affaires de Prusse, avec lequel il devait traiter la question, le Ministre manifesta très clairement sa confiance dans le caractère de modération qu'il avait reconnu en lui jusqu'ici.

La Commission quitta Versailles et revint à Troyes, en rapportant, sinon une certitude, du moins de sérieuses espérances.

En effet, ces espérances ne tardèrent pas à se réaliser. Le 12 août, un vendredi, les prussiens sont partis ; ils sont partis à six heures du matin, et à sept heures les drapeaux flottaient aux fenêtres dans toutes les rues de la ville. La foule se promenait dans tous les quartiers, comme aux plus beaux jours de fête ; et la nuit, jusqu'à deux heures du matin, on n'a cessé de tirer des pièces d'artifices.

L'heure de notre complète libération venait de sonner; un jour de joie, après tant de tristesses, pour fêter cette date mémorable nous était bien permis.

Une preuve dernière et accablante pour la Prusse, de son mépris de la parole donnée, de son peu de souci des engagements souscrits et scellés de la signature du roi Guillaume, c'est le fait exorbitant relatif à M. Emmanuel Buxtorf, faisant fonctions de maire, fait qui s'est passé dans notre Cité, dans le courant de mai, conséquemment après la conclusion de la paix.

Un commissaire civil allemand, nommé Von Drigalski, avait été envoyé à Troyes, lorsque le préfet prussien en était parti, pour faire place au préfet français. Il continuait le système de ses prédécesseurs, et ses exigences étaient aussi outrecuidantes qu'au plus fort de la guerre.

Une fois, il voulait que les jardins des promenades, tenus fermés, fussent ouverts; une autre fois, il prétendait que le service du dispensaire, confié à nos médecins français, devait être remis aux soins des médecins allemands, ou placé tout au moins sous leur surveillance.

L'autorité allemande se plaignait, parait-il, d'avoir perdu plus de soldats par les maladies, dites secrètes, que par la guerre. Le médecin du dispensaire sis à l'hôpital était surtout mis en suspicion ; on l'accusait de ne pas apporter, de parti pris, la sévérité voulue dans l'exercice de ses fonctions, lors de sa visite médicale, et de ne pas retenir à l'hospice, pour y être soignées, les filles de mauvaise vie malades.

Ce commissaire civil, préposé spécialement à la police des mœurs, exigeait même que les filles se livrant à la prostitution, ou soupçonnées seulement de s'y livrer, fussent toutes soumises aux formalités du dispensaire. Etait-ce là de la moralité bien scrupuleuse ? Nous le verrons plus tard.

Le médecin français, le docteur Bacquias, auquel l'autorité prussienne voulait adjoindre un médecin allemand, pour contrôler son service, n'hésita pas à protester par une lettre, en priant M. le Maire de la mettre sous les yeux du commissaire civil [1].

En réalité, ces Teutons qui, dans leurs livres et dans la presse accusent la France d'être une nation corrompue, usée, et se regardent avec orgueil comme un peuple jeune, viril et austère, ne sont rien moins que rigides au point de vue des mœurs.

Les soldats prussiens allaient remplir ces maisons

---

[1] Voici les termes de cette lettre :

Monsieur le Maire,

M. le Doyen des administrateurs des hospices me prévient que l'autorité militaire prussienne a l'intention de faire assister à la visite et à l'examen des filles publiques un médecin attaché à l'armée allemande.

J'ai l'honneur de vous déclarer, Monsieur le Maire, que je ne saurais souscrire à une exigence absolument contraire aux convenances médicales et blessante pour moi.

Veuillez agréer, Monsieur le Maire, mes salutations respectueuses.

Signé : BACQUIAS.

tolérées, égouts collecteurs de toutes les malpropretés des villes ; ils s'y pressaient en foule, à ce point que les maitres de ces honteux établissements ont été obligés de poster, à leurs frais, dans l'intérieur, des plantons fournis, sur leur demande, par l'autorité prussienne, et l'ordre n'y a été maintenu qu'à l'aide de ce moyen. Il est donc permis de croire que nos envahisseurs n'agissaient pas ainsi simplement pour nous donner des leçons de morale.

Toujours est-il qu'à la date du 9 mai 1871, le commissaire civil Drigalski écrivait au maire :

« Je vous informe, qu'à dater d'aujourd'hui, par
» décision du général de Manteuffel, commandant en
» chef de la deuxième armée, je suis nommé préfet de
» la partie du département de l'Aube occupée par les
» troupes allemandes. En cette qualité, je vous or-
» donne d'exécuter tout de suite, sans aucune résis-
» tance et d'une manière précise, tout ordre qui vous
» serait transmis, soit par moi, soit par l'autorité mi-
» litaire.

» Si vous continuez à persister dans votre refus,
» vous le remettrez par écrit au porteur.

» Je procéderais à l'instant à votre arrestation et
» fixerais le lieu en Allemagne où vous seriez conduit
» pour votre résistance.

» J'exige de vous l'obéissance, et je saurai l'obtenir
» par la force.

» *Le Préfet*..... *etc.*
» Signé : Drigalski. »

Le 10 mai, M. Buxtorf répondait à ces menaces :

« Le médecin du dispensaire qui, depuis quinze ans,
» remplit ses fonctions de la manière la plus conscien-
» cieuse, m'a déclaré qu'il ne souffrirait pas dans son
» service la surveillance d'un docteur allemand.

» Je l'approuve, et je crois de mon devoir, ainsi que
» de ma dignité, d'accepter toutes les conséquences
» de la position qui m'est faite comme conseiller mu-
» nicipal, quelle qu'en soit la rigueur.

» Signé : Em. BUXTORF,
» Conseiller municipal. »

A la suite de cette protestation, M. Buxtorf fut arrêté et conduit en prison, puis dirigé le lendemain sur l'Allemagne où il a, malgré les protestations du conseil municipal, été mis au secret dans la forteresse de Mayence, et retenu jusque dans les premiers jours de juin. Le 6 juin, le Conseil municipal votait à M. Buxtorf des félicitations au sujet de sa mise en liberté.

Notre Cité, comme nous venons de le voir, est restée à la hauteur de la renommée patriotique qu'elle s'est acquise dans les invasions précédentes. La Champagne et la ville de Troyes, en particulier, se sont toujours montrées prêtes à tous les sacrifices, et se sont toujours levées spontanément pour former un rempart à la Patrie chancelante contre l'irruption des barbares.

Cette fois, son rôle a été plus modeste, son esprit d'énergique résistance à l'ennemi s'est manifesté en toutes circonstances, mais avec moins d'éclat. On n'est pas toujours au premier rang pour combattre. Les soldats du second rang, avec le même courage, n'ont pas toujours occasion de le déployer ; il ne faut pas moins reconnaître tous leurs mérites, et être justes envers eux.

Reconnaissons donc que les habitants de Troyes n'ont pas démérité de leurs glorieux ancêtres.

TABLE

	Pages
Extrait du procès-verbal de la Réunion générale du 21 décembre 1884	3
Avant-Propos	5

Première partie
AVANT L'OCCUPATION	13
CHAPITRE Ier	13
CHAPITRE II. — Mesures préventives contre les fléaux de la guerre	16
CHAPITRE III. — Préparatifs militaires de défense nationale	23
CHAPITRE IV. — Dernières tentatives de pacification du Gouvernement provisoire	27

Deuxième partie
PENDANT L'OCCUPATION	31
CHAPITRE Ier. — Entrevue du commandant de l'avant-garde avec le Maire, avant l'entrée des Prussiens à Troyes	31
CHAPITRE II. — Entrée des Prussiens à Troyes	35
CHAPITRE III. — Etouffement de la Cité	39
CHAPITRE IV. — Réquisitions	42
CHAPITRE V. — Régime des Otages	49
CHAPITRE VI. — Actes de violence	52

Troisième partie
L'ARMISTICE	59
CHAPITRE Ier. — Redoublement de rigueurs	59
CHAPITRE II. — Extorsions prussiennes	63

Quatrième partie
INEXÉCUTION DU TRAITÉ DE PAIX A TROYES ET DANS LE DÉPARTEMENT	67
CHAPITRE Ier. — Effets du traité de paix sur le paiement des contributions et réquisitions	67
CHAPITRE II. — Persistance du régime de violence des Prussiens	73
CHAPITRE III. — Les Postes	76
CHAPITRE IV. — Les chemins de fer de l'Est — Ligne de Mulhouse	87
CHAPITRE V. — Evacuation de la ville	94

TROYES — IMP. DUFOUR-BOUQUOT

www.ingramcontent.com/pod-product-compliance
Lightning Source LLC
Chambersburg PA
CBHW070529100426
42743CB00010B/2012